日本深度遊

47個都道府縣

深度遊

流行文化再認識

目錄

毛丹青

神戶國際大學教授／旅日作家

導言

　　大家好！我是毛丹青。在這裏，我想和大家分享來日本三十年多間遊走各地的一些感悟。

　　為甚麼想和大家分享這個話題呢？我是 1987 年移居到日本的，當過商人，做過魚蝦生意、遠洋貿易。現在在一所大學裏教書，在日本的三十年多裏，我遊走於日本各處，在旅行中感受日本不同城市的差異，不同的風土人情，感受連日本人都習以為常，但在我這裏卻發現一些非同尋常的細節。在旅行中我習慣去捕捉那些喧囂或者安靜的、美好的時刻。基於這些感悟，我也寫了一些關於日本文化的書籍，比如用日語寫的《日本蟲眼紀行》，用中文寫的《狂走日本》《閒走日本》《孤島集》等。

　　這幾年愈來愈多的中國人選擇來日本旅遊，這是一個非常好的現象。但日本除了東京、京都、北海道，其實還有很多風景秀麗，能帶給你驚喜的地方。日本是一個值得去多次的國家，因為僅用幾天的時間是欣賞不了全部美景的。春天的櫻花，夏天的海濱，秋天的紅葉，冬天的雪山，數也數不清的大眾化或小眾化的美景、美食，需要你細細品嘗。我的親朋好友在制定旅遊計劃時往往也會徵求我的意見，而我給他們推薦的不是一個簡單的景點，而是一些非常小眾卻非常美麗，有我自己故事的地方。

　　我想這些分享會更有意義，更有私人性。如果你和我一樣喜歡遊走，希望更多地瞭解日本，如果你和我一樣喜歡發現小眾並且美麗的地方，如果你和我一樣喜歡瞭解景物背後的文化，那麼歡迎你和我一起遊走日本。在下面的故事裏一起走遍日本 47 個都道府縣，領略各地風情，分享我的故事。熱愛旅行，想要更多地瞭解日本的你——我在這裏等着你。

北海道

我第一次去北海道大約是二十多年前的事情，當時周圍有很多日本人跟我說，北海道不像日本的城市，應該去看一下。北海道是日本47個都道府縣中唯一的「道」，那裏地域寬闊，開拓歷史也不算長，2018年是北海道開拓紀念150周年。說到北海道，就順便提一提日本的四大島，它們分別是本州、北海道、四國與九州。

北海道地區從前被稱作「蝦夷地」，日語叫「えぞち」，於明治二年（1869年）正式改名為北海道。在江戶時代甚至更早的時候，一些本州地區的人就曾到過北海道，就是所謂的阿伊努這一土著民族的源流。明治以後，準確時間應是1876年，屯田兵制度誕生，明治政府開始召喚更多人進駐到這個地區，於是有了北海道的開拓，從而吸引人口的遷移。

每次去北海道最感興趣的地方就是牧場；在我看來，它是北海道最有魅力的所在。當地畜牧業發達，牧場已經成為觀光景點。但是，一個地方的景點是否能成為一道景觀，還要看這個地方能否讓我們的心沉浸下去，沉得愈深，看到的事物也就愈有趣。

北海道有個地方叫「日高」，那裏牧場眾多，而且出產賽馬，非常好看。不是指馬匹本身好看，而是指牠們在賽道上的英姿十分吸引人。

有一次去北海道，偶然聽說了一位日本馬蹄師的故事。所謂「馬蹄師」，就是指專門給賽馬釘馬蹄鐵的，也叫安馬掌。據說，賽馬能否跑得利落、出彩，與馬掌安得好不好有直接關係。但是，馬的蹄子上有很多神經，安馬掌時一不小心就會扎到神經，讓馬受傷。

如何能避開馬蹄上的神經順利安好馬掌呢？那位馬蹄師會住到馬棚裏去，與馬兒長時間相處，兩者之間產生了一種非常親近的關係。這樣就能更瞭解馬的習性，長此以往，對馬蹄哪幾處有神經也就能熟練辨知了。一年年過去，最後，馬兒與馬蹄師之間產生了一種心領神

會的默契。每次要安馬掌了，不等馬蹄師牽引或叫喚，馬兒會主動走到跟前，然後亮出自己的蹄子。聽上去很神奇！那位馬蹄師一直這麼告訴自己：一個好的工匠應該和他所服務的對象間有一種靈魂的溝通，這才能讓馬掌釘得位置適合，讓馬跑得靈動、精彩。

北海道是出賽馬的地方，但這項賽事本身並不是日本的本土文化。據說賽馬源起於江戶時代，第一場賽馬是在港口城市橫濱舉行的，接下來才是北海道。明治維新時，有不少美國人在札幌建了一些美式賽馬場，隨後這項娛樂活動在日本國內推廣開來，漸漸形成一種文化。明治時期成立的日本中央賽馬會，一直到現在都是非常知名的組織。中央賽馬會設置了「皐月賞」、「東京優駿」和「菊花賞」，針對這三個獎項舉辦的賽事，是日本的三大馬賽；如果一匹馬能在這三場比賽全部勝出，則被稱之為「三冠馬」。

關於賽馬，我印象最深刻的一件事發生在 2006 年。當年，日本有一匹賽馬叫 "Deep Impact"，譯成中文名字挺奇怪，叫「深度衝撞」。這匹馬產自北海道，關於牠最絕的一則傳聞就是 —— 騎着牠的騎手比賽後，說這匹馬不是在跑，而是在飛。當時，網上有關於比賽的短片上傳，我也去看了。2006 年牠參加的最後那場賽事，在衝線前約四百米處，那匹馬卯足了勁地衝刺，全身發力，真的像飛起來似的。這匹 "Deep Impact"，屬日本知名企業家金子真人所有，他買了很多匹馬，把牠們一匹匹培養成了優良的賽馬，拿到過許多賽事的冠軍，幾乎成為了傳說。

總之，想去北海道的朋友，建議你們多去看一看牧場，有機會的話也可以看上一場賽馬。我們到一個地方旅行，不就是為了見到一些日常生活中不太容易見到的事物嗎？

青森縣

說起日本的青森縣，最讓我感興趣的是夏季當地舉行的大型活動「ねぶた祭り」，中文稱作「佞武多節」。該祭典活動的最大特色是以日本歌舞伎、中日傳說，以及歷史上的著名人物為主題的「佞武多」人形花燈。

花燈大多很大，用竹子和糊紙製成，形象各異，每年都會吸引近三百萬人前去參觀。該活動於 8 月 1 日晚上到 7 日舉行，年年如是。祭典期間，青森縣到處可見裝有這些人形燈籠的花車，在夕陽西下時顯得特別有活力。

日本人祭祖的習俗與中國人不太一樣。我們在清明時節祭奠先祖、思念故人，而日本人沒有這個習俗，反倒是炎炎夏日，是他們祭奠故人的季節。炎熱並不是一個讓人們忌諱的因素，在日本人看來，只有「熱上加熱」，才能將先祖送返彼岸。這也是青森縣在夏季舉行「ねぶた祭り」的緣由。此外，日本京都也有一個非常有名的祭典活動，每年七月舉行，也是在夏天，就是有名的「祇園祭り」，即祇園祭。

青森縣的「ねぶた祭り」，從我這個觀光客的角度來看，整個祭典儀式很壯觀，還有很多引人注目的細節。例如，那些花燈是怎麼做出來的呢？這本身就是一個值得關注的問題。現在，當地出於觀光體驗的考慮，人形花燈的製作過程會公開向遊客展示。

人形花燈的製作要經過十道工序，一開始由繪師先確定一個繪畫的題材，比如說有人會畫武士，有人則畫陰陽師。這些繪師基本由男性組成，大多是排斥女性進入的。

我數年前到青森縣參加「ねぶた祭り」時，難得地遇見一位叫北村麻子的女青年，據聞是這數百年來第一位女性繪師，當時在媒體上還刊有一條新聞，專門提及此事。可見在這個領域，女繪師是多麼稀罕。

剛才說到製作花燈有十道工序，我把這些工序簡單地說一下。如果你有機會到青森縣參加這個祭典的話，也許會有更深的體驗。

　　首先是繪製圖樣，然後就是準備器具，基本上就是竹子，因為花燈需要用竹子來紮成各種人形。這些花燈大多有十幾米長。先用竹子紮出人物身體的各個部位，然後將它們一點一點拼紮起來。拼紮完成後，開始配置電線，將電燈固定。因為是人形花燈，當然要有燈火亮起來，這就到了第五道工序。第六道工序是在拼紮完的人物上麵糊紙。糊完了以後，開始在紙面上用墨汁畫底圖，比如說人物的眼睛、鼻孔等，先用黑色的墨汁畫出來。到第八道工序才開始着色，在紙上先抹上一層淡蠟；因為要在紙面上形成一種凹凸的視覺感，這樣會顯得更有層次。第九道工序是大筆大筆把色彩塗上去，將各種染料的顏色融為一體。最後，人們會把製作完成的花燈固定在一塊車板上，這塊板必須既大又堅固；上文也說了，這些人形花燈多是體積很大的，因此車板需要撐得住花燈的重量才行。

　　完成了花燈的安裝後，由幾位男子抬起整個車板，就這樣一路抬到大街上讓眾人觀賞。要是你恰巧是八月前去青森縣旅遊的話，有機會看到花燈整個的製作工序。製作過程十分有趣，最精彩的當屬最後兩道工序，即給花燈上彩並將它固定在車板上；有機會前去的話，一定不要錯過。

　　每一個花燈都是以一條街道為中心展示的，日本人叫做「町廳會」，大多都是由眾人抬着直接在路上走，或者放置在事先搭置好的大棚裏。

　　每當你到一個旅遊景點，想要深入地體驗當地的文化，最好是參與一些非日常的慶典或儀式。青森縣的「ねぶた祭り」就是一種非日常的慶典活動。前文提及的女繪師北村麻子，早幾年有很多媒體都曾報道過，給我的印象很深。

北村麻子曾在受訪時談到，自己進入這個行業是受了父親的影響，因為她的父親就是一位人形花燈的繪師。不過，在我看來，她之所以受到關注，是因為到了一定的時候，民眾期待於傳統中出現一些顛覆或改變，而北村麻子正是在這樣的期待中出現，可謂是眾望所歸了。而且，北村麻子畫的花燈人物非常有意思，男性繪師都喜歡畫一些威猛神勇的人物，或者一些比較霸氣的形象；可北村麻子畫的是陰陽師，其形象陰柔，富有謀識。繪製這些人物時，她畫出了一種「如流水般的線條感」，一時成為話題。我想，時至今日，她還在繼續繪製人形花燈吧！

　　其實，日本很多大城市的旅行社都有推出「ねぶた祭り」的旅遊路線。如果你是八月去日本遊玩，同時又對青森縣的這一祭典有興趣的話，可以將第一站選在東京等城市，然後再去當地的旅行社報名參加青森縣的「ねぶた祭り」。旅行社推出的大多是三天兩晚的行程，吃、住、遊都可以交給他們來安排，這樣你就省心多了。

　　最後，我想說，青森縣地處日本的東北地區，夏季很短暫；所以當地人的性格就像夏天短暫的炎熱季節一般，迸發出他們最大的熱情，對故人、對先祖，包括對當地傳統文化的熱愛與堅守。

岩手縣

說起岩手縣，日本人第一個聯想到的應該是海女。海女就是指那些在海裏撈魚維生的女人，主要撈的是鮑魚。海女是一種職業，在岩手縣備受關注，主要原因是前幾年 NHK 播放的一部晨間劇，是專門描寫這群人的故事，所以一時受注目起來。

雖然我沒有看過這部晨間劇，但是關於撈鮑魚之類的，我已在現場看過很多次了，不算新鮮。最有意思的是我來日本後做過魚蝦生意，當時就認識了一位海女，給我留下了很強烈的印象。那是將近三十多年前的事情了。

有一回，我在東京的築地魚市，那裏凌晨三點左右就開市了。當時，我算是一個小工，在魚市裏跟那些魚販子們討價還價，把一箱一箱的鮮魚從卡車上搬下來。冬天的築地魚市，基本清晨五六點鐘的時候就收工了，魚販們早飯時就開始吃生魚片、生蝦之類的，還有非常新鮮的海膽。我則是一個「咖啡黨」，超級喜歡喝咖啡，離開魚市後，老是會去旁邊一家風格怪異的咖啡店喝咖啡，就是在那裏我認識了一位日本女孩。

到現在我還記得女孩的名字，叫絹代。她告訴我，自己是岩手縣的人，過去曾當海女。我奇怪地問她為甚麼現在會在咖啡店工作？她跟我說自己愛上了一個男人，他就在築地魚市，咖啡店是他開的。我問絹代當海女的時間有多長？她說從高中的時候就一直幹這個，因為姥姥、媽媽都是海女。絹代住在岩手縣一個叫「小袖海岸」的地方，而這個地方正因為那部 NHK 的晨間劇《海女》而為世人所熟知。

那裏是一片風光勝地。年輕的女孩喜歡跳到海裏去撈魚。魚基本上都能在海底岩石的邊上捕到，尤其是鮑魚，牠半邊的身子扣在了岩石上。此時，海女會拿一根棍子，把鮑魚從岩石上掰開。絹代之前也曾想將這份工作當作自己終生的職業。她描繪海底的風景時，一直說着：「潛進海裏，能看到海水很清澈，基本上潛個十幾米深，就能看

到鮑魚比較集中的地方。」我忍不住問：「那你為甚麼後來就沒有再當海女呢？」她說因為在小袖海岸偶然碰到了一個開大卡車的男人，就是她現在的男朋友。他一眼就看上了她，拼命地追求她，並向她求婚。

絹代說她這個人做事往往就是「轉彎速度很快」，做了大概四、五年的海女，離開小袖海岸的時候，也沒有特別留戀。雖然很喜歡大海，也喜歡潛水撈魚。但是，忽然間她就發現自己喜歡上了這個向她求婚的男人，跟她當時喜歡大海是一樣的。這時，她就「來了一個轉彎」。男友把她帶到了東京，在築地這邊開了一個咖啡館，希望絹代以身相許。他非常熱情、非常執着地愛着她。女孩自然就接受了這一切。

這個故事，我後來在《孤島集》這本書裏面也寫到過，算是一段很有趣的素材 —— 在風光如畫的小袖海岸，曾經有一位天天潛海的海女，她每天滿懷熱情地去捕捉一個個鮑魚。然而在某一天，她在海岸上碰到了一個男人，這個男人向她求婚。一瞬間，好像也沒有經過太多的考慮，海女就跟他走了。她的人生因此而改變。

在我接觸的很多日本女性中，與絹代類似性格的人是非常少見的；所以，她給我留下了很深的印象。我想以後有機會去到小袖海岸的話，一定要再去親眼看一看海女潛水撈魚的場景；那時，我應該會想起絹代，想起她告訴我的那個故事吧。在日本，或者其他地方，總有一些女孩，憑着忽然湧起的心緒，迎來了人生最大的「轉彎」。用電視節目裏的流行語來說 —— 或許這就是所謂的「華麗轉身」。

宮城縣

宮城縣依山傍海，佔地面積很大，它在奧羽山脈的沿線，面向太平洋。因其所處的地理位置，當地有兩類產業很發達：一是太平洋的三陸海岸是天然的大魚場；二是奧羽山脈四周多稻田，盛產稻米。當地人給這種米起了一個令人難忘的名字，日語叫「一目惚れする」，意思就是一見鍾情。

　　無論是我一個人去宮城縣遊覽，還是與其他人一起出遊，這些年過去了，每次到那裏，我總會因為一個人而唏噓不已。他是我在宮城縣做魚蝦生意時認識的，我們並沒有過深的交往，關於他的身份、他的故事，我都是聽他人轉述的。但是，對於這位朋友的認識，一直到今天都影響着我對於日本人的認識。

　　我的這位朋友已經過世了，他是宮城縣仙台人。說起他這個人啊，平時總喜歡歪着嘴，笑起來的時候又有那麼點可愛；有時候也會發火，但並不會讓人覺得可怕。

　　那是二十多年前的事了，突然接到他太太的電話，告訴我他去世了。參加葬禮的時候我去了仙台，那是一個秋天，葬禮會場的周圍有一面特別高的牆，牆上爬滿了楓葉，紅得驚人。當時的場景我至今難忘。

　　據說他是死在澳洲東部的海域，在養殖吞拿魚的大網中喪命。聽到這兒，我突然想起了一些往事。當年做魚蝦生意時我們曾結伴出過海，一起在新西蘭的小漁村住了一段時間。那是一個夏天，他每天都忙進忙出的，聽他說是為了養殖吞拿魚。我當時並不理解，後來才知道他不僅僅是一家漁業公司的職員，另外一個身份是某水產大學專門研究養殖魚的高級研究員，去漁業公司就職也是為了做研究和實驗。這些事，這位朋友從未告訴我，我是很久之後從他的上司那兒聽到的。我想，他之所以不告訴我這些，或許是因為他本人並不在意研究員的身份吧！比起這個，他更在意的是那些自己研究的魚類。

有一回，我到了他任職的公司找他，撲了個空，閒來就與他的上司聊了起來，這才知道了他的許多事。「這個人啊！喜歡研究吞拿魚，每隔兩年就要去海上住一段時間，具體是幾個月，還是半年，我已經記不清楚了。我只記得他老說自己要搞一次『吞拿魚的革命』，改變吞拿魚不易養殖的說法。」執着於人工養殖的吞拿魚的存活率，這就是我那位朋友多年所忙碌的事。

　　大家都知道，日本人愛吃生魚片，而吞拿魚是其中最普及的一種魚類，銷量也是最高的。當時這個人的想法吸引了很多商家，大家都叫他「吞拿魚先生」。他總喜歡歪着嘴，有時候看他看久了，還真有點像吞拿魚。當他聽我這麼跟他打趣時，反而十分開心，咧着嘴笑，高興得像個孩子。陽光下，他的笑容總是閃閃發光似的。

　　葬禮上我見到了朋友的太太，從她嘴裏才知道了他的死因。這麼多年來，他一直在研究吞拿魚養殖，每次都要用拖船拖一條大網，觀察那些魚苗的成長。魚苗一開始是在海邊培殖的，但是漸漸長大後就必須將牠們放到深海裏養殖。每次到收網的時候，他總會發現有幾條吞拿魚死在網中。他很難過，但一直沒有放棄。有一次，也許是想要探尋吞拿魚的死因吧，將漁網拖進深海時，他一頭跳進大網裏，潛進海裏觀察。儘管穿了專業的潛水服，但他跳下去後就沒有再上來。但不可思議的是，那一年網裏的吞拿魚苗全部都存活了下來。

　　這個事情雖然發生在澳洲東部的海域，可我這位朋友卻是宮城縣人。因此，每次去宮城，我都會憶起他。而我對於宮城縣的印象，則來自於我與這位朋友共度的一段時光，以及更多的從他人處聽到的關於他的故事。這些故事，是比好山好水的風景更讓我難以忘懷。

秋田縣

我最近一次到秋田縣是 2017 年 3 月的時候，當時接到了一個邀請函，是鐵道公司發來的，請我參加秋田到東京段新幹線開通二十周年的紀念儀式。由此推算，這條新幹線應該是 1997 年 3 月開通的。

秋田縣在大多數人的心目中是一個比較偏遠的地方。空氣清新的鄉村地區，稻米種植也很發達。記得參加新幹線開通儀式時，站台上擁滿了人，一位站長站在高高的發言台上，他的一句話讓我印象深刻：過去的二十年間，坐新幹線往返東京與秋田之間的，約有四千四百萬人次。

聽他這麼一說，我頓時感覺到了一種時光的穿梭。因為，我很早就去過秋田，大約三十年前吧！

那個時候還沒有新幹線，往返的交通工具是那種小火車。小火車每站必停，司機在車頭部位駕駛，他是不管售票的，連車門都是乘客自己伸手打開的。

小火車裏邊有一個小盒子，這是用來扔車費的，非常懷舊。遠離喧囂、紛擾的田園風情 —— 這是當時秋田給我的印象。剛才說的新幹線站點，當地人稱「小町」。「町」就是街道的意思，有着濃厚的地方色彩，我覺得特別有意思。

我是一個旅行者，想要瞭解異國文化，要麼通過虛擬的世界，要麼通過現實的世界。前面說到的受邀參加秋田新幹線開通二十周年活動，就是現實中發生的。同時，我對秋田縣還有一份虛擬世界的想像。說到這一點，其實與我的好友，諾貝爾文學獎獲得者莫言先生有關。早在二十年前，莫言先生來日本旅行，我就作陪過。那是第一次我們同在日本。旅途中，他告訴我，自己對川端康成兩部小說印象很深，一部是《雪國》，這是川端康成當年獲得諾貝爾文學獎的作品；另外一部是《古都》。

《雪國》寫的秋田縣，冰天雪地，景致很有靈氣。莫言先生告訴我，讀《雪國》時有一段描寫讓他很震撼。大體的意思是：一個冬天，一頭碩大的秋田犬在舔小溪石上的水。為何這樣的描寫會震撼到他呢？莫言先生後來告訴我說，一個最重要的原因，是他在讀這一段時，突然產生了「哦，原來這就是文學」的感嘆，好像有點醒悟過來了。因為在當時的年代，很多作家在寫故事的時候，往往是寫宏大的、光輝的，不太多見這種從日常的場景入手來描寫的。所以莫言先生才會說川端康成《雪國》中那段有關秋田犬的描寫讓他得到了靈感。

這就是一個虛擬的想像的世界；後來，我回過頭又重新讀了《雪國》，在我看來，這一段的描寫並沒有甚麼特別的起伏之處，只是一個平常的視角。虛擬和現實，猶如瞭解異國文化的兩翼一般，它可以讓我們在思緒上有所知、有所望，還可以讓我們對知識的欲求得以騰飛。

剛才說到的秋田犬，可能相比秋田縣的其他風物都要出名；因為有關秋田犬有一個很有名的故事，叫忠犬八公，講的就是一條秋田犬對主人的忠誠，在主人去世後一直等在車站，直到死亡。

這個故事流傳很廣，在東京的澀谷車站就有一個塑像，專門是為了紀念忠犬八公的，很多遊客把它作為一個景點。早在 1987 年的時候，日本就根據忠犬八公的故事拍過一個電影，我記得非常清楚，因為 1987 年是我到日本的第一年，至今有三十多年了，那時候剛下飛機就看到很大幅的秋田犬海報。不用說，一下子我就把秋田犬和秋田縣、和忠犬八公關聯到了一起。忠犬八公的故事後來被荷里活重新翻拍成電影，取名《Hachi》。其實，這就是八公的日語發音。由此再度引起了很多人的關注。

2015 年，在盧森堡舉行的國際名犬展上，最終秋田犬勝出，讓

很多人認識到這種犬類並開始喜歡上牠。日本早在 1931 年，已經由國家認定秋田犬為文化紀念動物，並對其進行保護。

這些年來秋田犬變得愈來愈有人氣，我周圍的很多中國朋友都很想要一隻。秋田犬因最初誕生於秋田這個地方而得名，現在秋田縣大館市還建有一個秋田犬紀念館。我曾與那裏的館長聊過天，請他談談有關秋田犬的那些事，他說在他們這裏有專門針對秋田犬「繁殖養育」的明文規定，為此他還給我看了各種認領養育的合同，這是該館的一個特色項目。

總之，秋田這個地方對於我來說，無論從現實世界的感受，還是從虛擬世界的想像來看，都是一個值得前去的地方。

山形縣

山形縣盛產水果，種類豐富，溫泉也較有名。可是，我對山形縣的解讀，以及最初的感想卻來自一群叫「空師」的人。空師是一種職業，專責砍樹。這裏所說的砍樹不似我們所理解的伐木，需要具備特殊的技巧。

　　空師所砍之樹基本上都是在大城市裏，專指那些單棵長起來的又粗又高的樹。以東京為例，類似新宿這樣摩天大樓聚集的地方，建築與建築之間的空間本就不大，一旦在這樣的空間裏有樹木茂盛，就容易形成不規則的生長，枝葉會延伸到建築物的玻璃窗上，或者掛在電線上，造成安全隱患。

　　因為此類空間較為狹窄，專門的作業車很難開進去，這個時候就輪到空師出場了。他們砍樹時講究技巧性，會預先判斷樹枝之間的角度，以及它們與建築物之間的安全距離。做到心中有數，才開始動手。

　　山形縣是一個林業大縣，森林佔地面積廣，種植了許多可製作家具的樹木，如橡樹、山毛櫸等。這樣的自然環境，可以說是培養空師這一職業人群得天獨厚的條件。

　　有一位空師我至今記得，他姓福岡，是一個年近古稀的老人了。但是，他給人的感覺，就是日語中所說的「初老」，心態依然很年輕。有一次，很偶然的機會，聽他說了做這一行的心得。

　　每次接到工作任務，空師們從不用「砍」字，只說去做「大樹維修」，似乎是用這樣的字眼來表示對樹木的敬意。無論是到東京這樣的大城市，還是去其他地方工作，他們都操着一口自己家鄉的方言，有着山形縣特有的人情味。

　　那一次，我在現場親眼目睹了空師的工作狀態。那是在兩座大樓中間的一段狹長空間內，有一棵大樹枝葉繁茂，直指左邊建築物的窗

台，福岡師傅沿着大樹向上爬，身上纏着各種各樣的工具，用皮帶牢牢地固定住，腦袋上則繫着一條白色的毛巾。他一直往上爬，接近大樹頂端的時候，忽然從皮帶的一個掛鈎上拿出一個酒壺，然後把酒灑在樹枝上，嘴裏嘟囔一句：「請允許我承受你生命之重。」

聽上去像是在對樹木表達歉意：「不好意思啊！我要修掉你的樹枝，讓你受累了。」望着這一幕，我不禁感慨：他們已經把這些樹木看成是完整的生命體了。

福岡師傅是一個經驗豐富的老空師了，只靠目測，就能判斷樹枝砍落時會不會碰到其他障礙物，會不會掛在周圍建築物的窗沿，砍落樹枝時會不會使枝葉因下墜之力造成安全隱患，等等。一旦判斷失誤，有可能造成傷害事故，因此每次工作都必須慎之又慎才行。

他的兩個徒弟每次都站在樹下，把繩子拴在師傅確認無誤的樹枝上，砍斷樹枝時，徒弟們立即接着枝條的一端，然後緩緩地往地面方向拉。這是考驗一個空師職業技巧的舞台，而在這一方小小的舞台上，福岡師傅和他的徒弟們正在賣力地完成屬於自己的表演。

福岡師傅告訴我，每次給樹木「維修」，都是一個具有儀式感的過程。「維修」作業結束，他會在確認完成任務後，帶着兩個徒弟一起向着樹根的方向鞠躬。這一刻，似乎是一種個體與另一種個體間的對話。

如今，在日本做空師的人已經非常少見了，這個職業很可能在未來的社會發展中漸漸消失。如果還有那麼一兩個人存在的話 ——「那麼，他們也只可能留在山形縣。」福岡師傅這麼說道。

福島縣

如果不是 2011 年 3 月 11 日發生的那場日本東北地區大地震，福島縣這個名字也許不會如此頻繁地出現在各大媒體，尤其是核電站因地震導致的核滲漏問題，一度受到熱議。我本人對福島縣最深刻的記憶，卻要扯回到二十多年以前。

有一段時間我曾周遊日本各地，還專門在春天的時候去尋訪各地的櫻花盛開之景。當時，有一位日本朋友告訴我，福島縣的櫻花最棒。我問為甚麼？他回答：「因為那是孤櫻，是伶仃之櫻。」

朋友告訴我，福島縣的那棵櫻樹獨自立在山坡上，周圍都是稻田，襯着一片綠色。但是，每逢櫻花季，那棵櫻樹因為長在高處，望去就似漫天盛開着櫻花一般，當你走近時，彷彿環繞四周的空氣都被染上了櫻花的顏色。

有一回，我開車去福島縣，放眼望去，沿路的田埂猶如單行線一樣，從車窗外閃過。後來，碰到了一位當地的老農，他領着我走到那棵孤櫻樹的前面，那一瞬的記憶至今難忘。

實際上，這棵櫻樹讓我記憶深刻還有一個原因，2000 年時，日本有一部電影叫《初戀》，是由田中麗奈主演的。電影講述了一個很傷感的故事，最後的場景，畫面定格在福島縣的那棵孤櫻樹上。

不知大家有沒有看過這部電影，在這裏帶大家回顧一下這個故事。一位十七歲的少女剛剛經歷了失戀，回到家的時候，又有一個壞消息在等着她 —— 母親生病住院了。有一天，病床上的母親讓女兒幫她把家裏的舊音樂盒找出來。於是，女孩回家翻找，卻意外發現了一封信。這封信是母親二十多年前寫給一個不是她父親的男人的 ——「我們的事就這樣完了嗎？是不是要到那棵櫻花樹下⋯⋯」

女兒意識到了這是媽媽的初戀，為了安慰病重的母親，她決定獨自上路，去那個信中約定的地方，找到那個讓媽媽牽掛的男人。

這部電影最後的那幕十分經典，兩代人的青春在電影裏娓娓道來。這是當年日本《電影旬報》評出的年度十佳之一，不僅讓主演田中麗奈得到日本電影學院獎最佳女主角的提名，上映後更是讓福島縣的這棵孤櫻成為純淨初戀的象徵，吸引了一大批遊客前去觀賞。

2011 年，福島縣因地震發生核泄漏事件後，我就沒有再去過那裏了。但直到今天，我的很多朋友去福島時，都會特意選擇春天到訪，就是為了趕上櫻花季。這棵孤櫻樹今天依然還在福島縣的田村市，大家都說它和日本其他地方的櫻樹給人的感覺不太一樣，有那麼一股靈氣。

福島縣還有一個地方的櫻花特別有名，這個地方我也去過，它在一條河的沿岸，五公里左右的河道沿岸種了幾百棵櫻花樹。這條河叫「夏井川」。在那裏賞櫻與看那棵孤櫻不同，是群花怒放，給人熱熱鬧鬧的感覺罷了。

總之，在我看來，福島縣的風物就是電影《初戀》裏最後畫面定格的那棵孤櫻。在視野開闊的高處，那種粉紅色的張揚特別棒。大家不妨前去一看。

茨城縣

但凡日本人都知道，茨城縣最有名的農作物是哈密瓜（甜瓜）。當地的哈密瓜產量在日本居首位。

我做魚蝦生意的時候，就知道了茨城的哈密瓜很美味。那時住在東京，每天深夜，從漁船上卸下活魚、活蝦，大概是在夜裏三、四點，用卡車將魚蝦拉到築地魚市，賣給各家日本料理店，還有一些大的聯盟店，日本人稱作「飲食組合」。記得魚市的旁邊就是青果市場，也就是專門賣蔬菜水果的地方。

青果市場通常是在魚市結束後開業的，也就是清晨五六點的時候。此時正好是黎明，太陽剛剛升起。那時，我在青果市場裏見過一個女孩，非常陽光、活潑，叫賣時不用麥克風，聲音都可以傳得老遠。

在青果市場裏叫賣的人，一般都戴着綠帽子，帽子上面有一個白色的標記牌，上面寫着 A 多少錢，B 多少錢，C 多少錢……諸如此類，都是用數字標記。這與魚市裏都戴黃色帽子不同，標記牌也不是白色的，而是黑色。我一時好奇，就走進去看看。那裏就像一片綠色海洋，初升的太陽照在綠帽子上，閃閃發光。我就是在那個時候看見那位女孩的，她的聲音特別響亮，而她手裏拿着叫賣的，就是哈密瓜，日語叫「メロン」。

據說，茨城縣的哈密瓜在全日本賣得最貴。我曾經估算過，三十多年前一個哈密瓜大概能賣出六百多塊港幣，很誇張吧！當然，現在的匯率與之前不同了。

後來，我每次在魚市做完生意後，都會去隔壁的青果市場逛一逛。一次偶然，通過一直打交道的魚市老闆的介紹，我終於有機會認識那位女孩。

起初，因為大家都是做買賣的，只是彼此寒喧幾句，後來慢慢地也就熟了。有一次我們三人坐在一家咖啡館閒聊，我奇怪着為甚麼茨

城縣會有那麼多哈密瓜賣？女孩告訴我，她爸爸、祖父以及父母都是種哈密瓜的，她們家還有專門的瓜田，叫「深作瓜園」，看名字，也許有中文裏「深耕細作」的意思吧！她家瓜田種植哈密瓜，無論土壤肥沃度，還是防淹、防旱等措施，都做到了極致。而且，「應該是爺爺他們那一輩吧，特別相信哈密瓜裏邊有『靈』。為了找到它，甚至遠渡重洋去了北非，還去了埃及那邊，去找曾經種過哈密瓜的那塊土地。」女孩說，她祖父曾經做過研究，世界上最早的哈密瓜兩千多年前產於北非，也許在埃及那一帶，後來才漸漸流傳到世界各地。

女孩如此堅信；但是，我好像聽一個朋友提及，哈密瓜這種東西很早以前就在中國出現過，然後隨着佛教的傳播一起流傳到日本。當然，這些都只是一家之言，我也沒有仔細研究過。

女孩的祖父應該是明治時代生人吧，她說祖父在找到那塊最早種植哈密瓜的土地後，還盛着一把那裏的土，一起帶回了故鄉茨城，將它埋在自家的果園裏。他相信這樣就能祈願自己的果園能種出最好的哈密瓜。

我想，這樣的事也只有在那個時代才行得通，現在要想帶回一把異鄉的土，恐怕上機前的安檢就過不了關。而在女孩祖父的那個年代，還沒有飛機，應該是坐船前往的，安檢也不似現在這般嚴格。

直到今天，女孩的祖父在哈密瓜從播種到收成再到運往各地的整個過程中，依然會不時地對着瓜田雙手合十，口中喃喃着：「請你給我們以安慰，請你給我們以……」聽起來頗有儀式感。

最後，我還知道了一件趣事，女孩的姓氏就是茨城，與她的故鄉同名。據聞，全日本姓茨城的只有不到三百戶，而他們一半以上都是種哈密瓜的。

栃木縣

栃木縣給我印象最深的是壽司，這可能和當地盛產大米有關。因為在沒有接觸壽司之前，我總覺得壽司是冷冰冰的樣子，沒有溫度，也沒有「表情」。而且把大米用醋泡過之後，就不再像雪那麼純白了，有時候甚至還有類似鐵鏽一般的黃斑。當然在日本待得時間長了，吃壽司已不像過去感覺那麼新奇，漸漸養成了一種飲食習慣。

我記得有一次旅行到了栃木縣的一個鄉村，去過一家壽司店，印象中好像是一間木房子。外邊真的是漆黑一團，只有遠處朦朧的月光，彷彿身處只有月光陪伴的空間中。那時看一眼窗外的月光，再回過身來看着眼前師傅握壽司的樣子，好像有一種「天人合一」的感覺。

我當時是一個人旅行，進店的時候，只有一位做壽司的老師傅。我坐在櫃檯前，師傅則站在櫃檯裏邊，正對着我。他手裏捏着壽司，一糰一糰的米，一個個瘦長的曲線狀的物體被握在師傅的手裏。然後把生魚片擺在飯糰上，兩隻手一上一下，飯糰在兩手間不斷地交替，動作嫻熟而富有節奏。他的手指迅捷地從米糰周圍劃過，濕漉漉的樣子，有的時候真像拔刀出鞘時那種無言的瞬間。

壽司像刀 —— 看着他的動作，不知怎麼地就會有這樣的觀感與印象。

據說，過去壽司流行於武士階層，當時是作為一種可携帶的方便食品，有的人放到竹筒裏邊，有的用樹葉把壽司包好，其目的實際上是為了持久保存。到了幕末時，壽司已經成了武士中普遍流行的食物。

當然，吃壽司最好要靠師傅近一點，這樣你能更深地感受他的氣勢，就好像一個劍客在你眼前舞劍一樣，空氣中彷彿升起一輪輪的漩渦，撲面而來。當店內食客爆滿而壽司師傅只有一位時，你會發現他的動作快得像風一樣，眼睛也出神地盯着一處。飯糰的每一粒米都光

滑油亮，恍若衝着面前的食客散發着一道道光波。

作為瞭解日本飲食的常識，大家可能都知道，大多壽司是以「貫」來計數，一「貫」指的是一個。這個「貫」字，除了計數，據說它的字義中還包含了壽司的重量。

現在，旋轉壽司已經非常流行了，在中國很多城市裏都有吃旋轉壽司的店家。但據說在東京，尤其是那些大戶人家，所追求的壽司還是出自小店舖的。這就好比日本刀，在一般的市場上出售的刀都是「大路貨」，好的刀都隱匿在民間。吃壽司也是如此。說白了，就算在日本當地，今天也僅有幾戶店家還維持着最傳統的製作方法。

從這個角度來說，吃壽司給我帶來的感覺還是有關栃木縣那段經歷的回憶。這種感覺不是來自於一個城市，或者一群人，而是來自於那個小鄉村，那個夜晚的月光，然後就是那位做壽司如舞刀一般的師傅的表情。這是我在旅行中產生的一份感知，或者也叫一點頓悟吧！

如果你有機會到栃木縣，可以去嘗一下那間鄉村壽司店裏的壽司。順便提及一點，栃木縣可是全日本歷年壽司消費額最高的地方。

群馬縣

群馬縣是日本木材加工業非常發達的地區，這裏山林地帶較多，再加上交通便利，縣裏誕生了很多木材加工品牌，較為有名的像前橋、高崎、沼田，還有很多傢具品牌，例如赤城山路、山野村等等。這些傳統的加工產業從 20 世紀 60 年代日本經濟高度發展後一直延續至今。當然現在很多的傢具生產大都依靠機器，但也有一些高端傢具品牌和某些定製的傢具，依然延續着手工製造的傳統。

說起來，自己與群馬縣的木材加工產業還有過一些交集。我曾有過很長一段時間的經商經歷，因與日本的木材加工廠有合作，還曾與七八名中國木匠一起在群馬縣的木材加工廠住過一段時間，近距離地觀察他們如何加工木材。那時，工人們會先用大卡車從山林裏運出很多原木，用機械鋸切開後再使用乾燥機烘乾，根據所需製作的不同產品，手動截取相應的木料尺寸。而進行這些工作前，師傅們都會繪製詳細的設計圖，從產品整體到細部，以及每一根木材的作用，它們彼此之間的關聯等，都會體現在設計圖上。

日本所謂的木匠，與我們印象中的群體不太一樣，他們並不加工沙發、櫃子之類的產品，而是從事某一建築內的木匠活。例如日本傳統的和室，都會做一種拉門，此類大多用杉木製成；還有拉窗，日本的窗子，外層是玻璃，裏層一般都會做成方格或菱形格，再在上面糊上一層和紙。

日本基本沒有荒嶺，大部分都是森林。這也是為甚麼每到春天，日本的花粉肆虐。有人做過相關研究，花粉的源頭大多來自杉木，會造成人們流淚、打噴嚏等不適症狀，有人將其稱為「木材病」。

我當年和中國木匠在群馬縣的那家木材廠裏實習了一個月，因為中國木匠不懂日語，我專門為他們作翻譯。廠長是一個上了年紀的日本木匠，我們剛到廠裏時，常聽他聊起自己的煩惱——他總為自己從事的這份工作後續無人而擔憂。每次談及，都頗為感慨。

「做木材也好，做人也好，做任何事情也好，都應該用一種真心去面對，一絲都馬虎不得。」這是那位老木匠常掛在嘴邊的話。他的這番話，過了二十幾年我依然記得，而他之所以有這樣的想法，與自己的一段經歷有關。

　　他說他幹了一輩子木匠，大概已經六十多年了，不知道給多少戶人家造了房子，也記不清究竟建造過多少庭園。但是，他的孩子不想繼承他的事業。有時他會想：那就這麼算了吧！

　　這時，他接到了一個工作，由於是老僱主的邀約，他不好推拒，就應承下來了。老僱主說在某一個地方有一片空地，隨後他提出這樣的要求——「請你造一棟房子，可以用來生活就行。」

　　這是一個看似簡單的工作，木匠想着，反正自己也快退休了，湊合着幹完算了。於是，他就找了些不怎麼精緻的木材，準備給門窗打樣，地板也是選很一般的材料，包括牆面的支撐以及其他與木料加工有關的工作，他都沒有太花心思。

　　終於有一天，他完工了。老僱主過來看房子，然後拿出一把鑰匙交給他，說這個房子是送給你的。原來，老僱主是為了要感謝他六十多年來勤勤懇懇地工作，特意為他準備了一份禮物。

　　恍然大悟後，老木匠開始後悔了，早知道這是為自己造的房子，就不會這麼敷衍了。他說這是自己人生中最大的教訓——「做每一件事，只要你認真、全身心投入地去做，就會得到一個非常精彩的結果。如果你不盡全力，或有私心，那麼事後一定會後悔。」

　　我曾把這個故事講給當年與我一起去群馬工廠研修的中國夥伴們聽，大家都覺得受益匪淺。近來，我還問了當年的一位木工：那時我講給你們聽的那個老木匠的故事，還記得嗎？他回答：當然記得，現在想起來還覺得挺有意思。

　　這就是我有關群馬縣的記憶，至今依然鮮明。

埼玉縣

日本 47 個都道府縣深度遊 —— 流行文化再認識

埼玉縣讓我想起我的一位老師。三十年前，我來到日本留學，作為自費留學生，我選擇了公立的三重大學。這一點，在三重縣的那一篇文章裏，會詳細地說一說。那位老師，就是我在三重大學留學時相識的，名叫清水正之。當時，他還很年輕，是一位副教授。

有一回，清水老師把我叫到他的研究室，問道：「你在日本留學，最困難的事情是甚麼？」我的回答很簡單 —— 沒錢。因為我是自費留學，當時是享受不到各種獎學金、助學金以及其他優惠政策的。聽了我的回答，清水老師也很乾脆，說沒錢就去掙吧！但是，初到日本的我，總覺得作為留學生，就是去學習的，哪怕借錢也要去學習，等學有所成了，再去掙錢。要同時做兩件事，總覺得不能夠完全燃燒自己。

清水老師聽後，哈哈笑了起來：「日本社會對你來說就是一個海洋，任你去闖，應該多去瞭解一下日本的社會民生，對你將來的事業發展也好，興趣培養也罷，都會有幫助的。」當時，他的這番話對我的鼓動很大。很快，我就抓到一個機會去魚店打工，開始了邊賣魚邊讀書的生活。

二十幾年就這麼過去了，畢業後我與清水老師很少有機會碰面，只在每年的歲末年初，彼此互通消息，寒暄幾句。我知道他始終不曾離開大學教職的崗位，教授日本思想史。後來，他去了埼玉縣，任聖學院大學的校長兼理事長。直到最近，我因接受日本經濟新聞埼玉縣支局局長邀請，去當地做了一個講演。藉此契機，才與清水老師事隔二十幾年後再度碰面。

埼玉縣給人以古樸的感覺，那兒的川越市更有「小江戶」之稱。埼玉離東京並不遠，一個小時的車程也就到了。那天我們約在了一家叫「山屋」的日本料理店，周圍都是木質建築，幾乎看不到電線。走進店內，各種和服、木屐、石燈、添水，很多日本傳統的「風物」，

在這裏都有所展現。

那麼多年後再次碰面，清水老師十分高興。比起初次相識，他自然顯得蒼老了，當然，我也老了。我們邊喝邊聊過去那些事，他總是說着說着，就不停地笑。

酒過三巡，他忽然問我：「你在當我學生的時候，印象最深的事情是甚麼？」

我當即說了這麼一件事。有一次我要從三重縣到東京，兩地相距甚遠。那個時候，生活清貧，大多時間都呆在學校，幾乎沒有去過那麼遠的地方。因為既沒錢坐新幹線，也沒錢乘的士。於是，我就問清水老師有甚麼辦法可以去東京？他當時正在研究室裏忙着，聽了我的問題，當即找了個空紙箱，「嘩」的一下扯下紙箱蓋子，在上面用油墨筆寫了一句話 ——「有誰能載我去東京」。然後，清水老師把紙箱蓋遞給我：「你想去的那天就把它帶上，站在高速公路的路邊，舉着這塊牌子，看有誰能夠載你一程，你搭他的車去就可以了。」既然是老師的話，我當然不疑有他，覺得是老師希望我通過身體力行去明白生活的道理。

於是，我就舉着牌子去等車了。很幸運，在等了近四十分鐘後，有一位北海道大叔開着輛大卡車停在我身邊，問我要去哪裏？我當時特別興奮，樂壞了。對我而言，那是一次難忘的經歷，之所以難忘，應該是有一種青春的印記在裏面吧！

當我將這段回憶告訴清水老師後，他卻沉默地想了很久，然後說：「唉呀！我完全想不起來了，有這樣的事嗎？」我說：「有！」他的下一句話卻讓我哭笑不得 ——「當時，我只是跟你開了個小玩笑而已！」我一下子懵了，苦笑着說：「您這玩笑開得讓我拼了命了，當時我可是十分當真的！」

因為等在高速公路路口的那近四十分鐘的時間裏，我可是一邊期待着下一輛車能停在身邊，一邊在腦中閃着清水老師的面孔。

那位北海道大叔載我去了東京後，又熱心地載着我在四周轉悠，最後停在了埼玉縣。那是我第一次到埼玉，與清水老師有着莫大的關聯；而二十幾年後的今天，我再一次來到埼玉，還是為了見清水老師。這不得不說是一種緣分啊！如果沒有老師當年的那個玩笑之舉，我也許還在三重縣悶頭讀書，也不會到東京過起賣魚生涯，可能也就錯過了一大片日本社會的風情與風物。

清水老師的著作《日本思想全史》推出了中文版。我跟老師說：「讓我來做一些推廣活動吧！」我特別想寫下與老師的這段故事，以及今天的埼玉縣。

千葉縣

這事情說起來，其實也挺搞笑的。在日本生活了三十多年，來往於中國和日本的次數非常多，經常從東京往國內飛，有的時候到北京或者上海，有的時候直接飛廣州甚麼的。一直到了最近這幾年，我才發現經常出發的「成田國際空港」原來是在千葉縣。我原來一直以為成田機場是在東京地域內。

我剛到日本的時候對每件事情都覺得有新鮮感，每一個新鮮感都會帶來一段新的記憶。不過時間長了，一開始覺得新鮮的東西也就習以為常了，容易將有關地域的記憶錯位。而我跟千葉縣的「觸電」，就是從這個記憶錯位開始的。

千葉縣有一個寺院叫成田山新勝寺，這個成田山本身就是一個有名的祈禱和祈願的寶地。日本是一個多信教的國家，即一個日本人可以信多種宗教 —— 一出生，父母就帶着他們到神社去求籤，祈禱平安健康；長大了以後，戀愛結婚，很多人都到教堂舉行婚禮；到了離世的時候舉行葬禮，一般也是在寺院舉行。神社、教堂，還有寺院是完全不同的宗教場所，教義也不一樣，但一般大家都會前去。

前文說的成田山新勝寺，在千葉縣是很有名的，號稱對交通安全有效，可以祝禱開車不出交通事故。我喜歡開車，在日本這麼多年遊走各地，包括去 47 個都道府縣，基本上都是開車去的。因此去千葉縣的時候，也就特地去了新勝寺祝禱一番。

那個時候走的是國道，或者叫縣道，基本不走高速公路。雖然走高速公路速度會快一些，但是車窗外看到的全是快速從你眼前飛馳而過的隔音板，要不然就是陰天的烏雲，或晴天的陽光，你看不到有人影的街景。所以，我開車的時候儘量都在街景中移動，從內心覺得這是一種賞心悅目。一個人的單程旅行，與自然和民生的交往當然是愈豐富愈好。

開車到新勝寺的時候，看見入口處有一塊很大的空地，起先我以

為是停車場，但去了以後才知道它不是，那是寺院裏的和尚出來舉行儀式時用的。

這是一個讓神靈附着於你的汽車的儀式。把車停在空地上，請新勝寺的和尚在你車前頌一段經。我原先以為，頌經該有多麼精深，這段經文中肯定會說一些諸如彼岸此岸之類的言語，還有各路神靈的尊號，但是這些我一句也沒聽到。說是唸經，實際上就等於是唱經，這是一種聲音不規則的起伏。後來我仔細一聽，他唸的就是我家的地址和我的名字。原來寺院的和尚把我事先寫好的名字和家庭地址，用拖得長長的聲音唸出來，類似於某某縣某某町某某地，聲音往往拉得很長很長，在空氣裏猶如一條線似的飄揚。

和尚對着我的車說完祈禱的話，最後會送上一塊小板。我用手探了探，裏邊應該是一塊木板，絕不是紙板。木板的外面用綢緞包裹着，露出橘紅色的底，上面用金絲線織成一句祝福的話，寫着「祈願安全」幾個字。「就是祈禱交通安全吧！」我心想。

日本人通常會把這塊板掛在車裏，例如反光鏡蓋上面，或者放在車內其他地方，這塊板會保佑你。這就好像無論你開車到哪兒，交通安全已經通過一個信物，形成了一種信念，讓你時刻不忘。

這麼多年了，我的車裏還掛着成田山新勝寺的安全祈願信物。一直到現在，每當看到它，我就想起了我曾經到過千葉縣，在那裏祈福過，度過了很多美好的時光。

東京都

我在日本三十多年，除了現居地神戶之外，全日本去得最多的地方莫過於東京，不論是以前做生意時，還是後來在大學裏執教，都是如此。在我的印象裏，東京彷彿一個「黑洞」。出於商務交往以及人脈關係的需求，希望入住東京這座城市的人口可謂逐年增長。

不過，根據日本政府相關部門公布的數據，東京是全日本晚婚年齡最高的城市，女性的晚育年齡也位居全日本首位。東京為何會陷入如此怪圈呢？有太多的年輕人都嚮往東京，希望在那兒有所發展；但實際上，到了東京以後，卻因為生活的壓力，經濟的拮据，以及個人情感上的壓抑，反而使很多人失去了來這裏的初心，變得非常被動。

因此，有一些社會學家評論東京時就出現了「日本的黑洞」這樣的說法。那麼，日本有 47 個都道府縣，如果東京是晚婚晚育的城市之最，又有哪個城市在婚姻與生育上最年輕化呢？答案是沖繩。

每次到東京都會有很多感受，有時候也喜歡記錄一些，但轉眼又忘了。拿我自己的狀態來說，對東京的印象多是碎片化的，沒有辦法連貫起來。例如新宿地區，我對那裏的碎片化記憶就是城市中的烏鴉。

每次去新宿辦事或見朋友，第二天早上走出酒店的大門，陪伴我的第一個標誌性「風物」就是烏鴉。準確地說，應該是烏鴉的叫聲，對我的而言，它是東京清晨發出的第一聲信號。

烏鴉的叫聲比頭班車駛來的轟鳴聲還要早。烏鴉喜歡聚集，一眼望去，滿天都是黑點，有時會遮住日出。那種感覺猶如懸空的一團團被拆散的黑色毛線團一樣。看不慣的過客喜歡揚着頭，老是有種錯覺：搞不好甚麼時候這烏鴉就會從天空急速墜落，直逼自己的頭頂！

此外，東京清晨的空氣，彷彿也會發生氣味上的變化。隨着太陽的升起，從地面升騰起一股隔夜的酒氣，慢慢開始發酵，有時候還會

間或地夾雜着一絲又酸又辣的味道，由淡轉濃，擴散不盡，一股勁地飄在樓與樓之間。

記得有一次我在東京的一家烤雞店吃飯，日本售賣的所謂烤雞，就是將雞的各個部位弄成塊狀，串在一起烤製，不同的部位還各有各的說法。到這種店裏來吃飯的一般都是職場中人，大家下班後魚貫而入。坐在櫃檯前，要幾串烤雞，一瓶啤酒，一個人享用或和同事聊聊天，大概就是這麼一番場景。有的店裏，客人則一律都站着用餐。那次我去的就是這樣的烤雞店，我「鑽」進店內 —— 因為在日本，此類店家門口通常都會高懸着一扇簾子，日本人叫它「暖簾」，其實只是一塊布而已 —— 一眼望去，廚房的周圍全是那種小櫃檯，被食客圍得滿滿的。但是站在門口時你又看不太清，暖簾基本上把店內食客的上半身給遮住了，再加上食客基本都是背對着門口用餐，因此只能看到背部以下的着裝。每次站在這樣的店門口，我都覺得那是一番另類的風景。

我還記得店主是一位老奶奶，站在櫃檯的裏邊為客人上菜。她個子不高，每次都踩在一個小小的木製板凳上，伸直了胳膊使勁將盤子推到客人面前。那是一位慈祥的老奶奶，總是面帶微笑，她的臉上已滿是皺紋，但令我感到驚奇的是她端着菜盤的雙手皮膚卻顯得年輕，甚至還帶點光澤，我猜測可能是常年讓油煙薰出來的吧！

烤雞確實是美味，在剛烤出來的雞塊上撒上一點葱花，還有青瓜丁甚麼的，吃到嘴裏有一種肉和菜融於一體的口感，反正我還挺喜歡吃的。但接下來在烤雞店裏發生的一幕，則更讓我難以忘懷。

當時我正一個人邊吃邊喝，自得其樂，飽腹感也逐漸接近了。忽然，我感覺身邊像是有一陣風拂過，側眼一看，身邊出現了一位流浪漢，他雖然是站着的，但是大半身子倚着櫃檯。只見他從口袋裏拿出了一大把零錢，用一雙粗糙而髒污的手「啪」的一聲將錢放在了櫃檯

上，口水好像已經從嘴角溢出來了。這時，老奶奶的目光卻十分了然，她一隻手不動聲色地接過零錢，另一隻手熟練地遞給流浪漢一杯扎啤，同時用敬語說道：「您慢用，烤雞馬上就好。」流浪漢面無表情，一口氣喝下啤酒，抿了抿嘴，半天沒抬頭，似乎已經陶醉在那久違的美酒之中了。流浪漢的出現很顯眼，因為他衣衫襤褸，身上還發出一種不好聞的氣味。但奇怪的是，周圍那些西裝革履的職場人，好像誰也不在意，甚至沒人特意看他一眼，就好像他注定是這場景中的一員，沒有一絲的違和感。

接下來發生的事則更有趣，沒過一會，一輛豪華轎車停在了店門口的路邊，司機頭戴一頂硬殼帽，雙手戴着白手套，從車上下來後動作非常麻利，幾步走到後車門前，左右觀望着有無車輛，確認完畢後，非常恭敬地打開車門。這時候從車上下來一位紳士，筆挺的西裝，飄來陣陣高級古龍水香味。司機朝他鞠了個躬，他則點了點頭走進了烤雞店，徑直走到流浪漢旁邊的空位。店內的食客依然如故。時間靜靜地流逝，紳士西裝上的古龍水香味與流浪漢襤褸衣衫上難聞的氣味混在了一起。

我離他們最近，感受也最強烈。可店裏的食客們卻像司空見慣般毫無反應，各吃各的。一刹那，我不禁感嘆 —— 啊！這就是東京，一種讓你不太理解卻容易看明白的和諧，就是這麼誕生的。

神奈川縣

神奈川縣從地圖上看面積並不小。由西向東，西邊有箱根，那是一個溫泉聚集的地方，而且日本歷代的文豪很多都曾在那裏借宿、創作；往東邊去，有川崎市，然後有橫濱市，這是有中華街所在的城市，日本只有三個地方有中華街，一個是橫濱市，一個就是我現在執教的神戶市，最後一個是長崎市。

很多人可能會產生疑問，為甚麼在大都市裏面沒有中華街，至少像東京或者大阪這樣的城市都沒有中華街。據說，華人大都講究風水。橫濱、神戶和長崎這三座城市的共同特點都是依山傍水，從山上可以眺望大海，城市的格局呈一瘦長條型，也都是海濱城市，所以華人很願意到這樣的地方居住。

我常去神奈川縣有兩個原因，一個是因為喜歡文學，願意去尋覓一些文學家所留下的足跡。記得有一次跟作家莫言先生去過箱根，還專門到川端康成住過的小旅館去。在其他文章中我也提了，想瞭解一位作家，要麼就閱讀他的作品，要麼就去瞭解他的經歷。我想，閱讀文學，只有這兩種方法，沒有第三種了。

還有一次去神奈川也是在很多年前，當時是與郭敬明及他的團隊一起，郭敬明是第一次來日本，全程都跟我一起旅行。那個時候，我們圍繞着富士山轉，富士山周圍有三個縣 —— 山梨、神奈川，還有靜岡。回來後我們還出版了一本有關此次紀行的書，曾在一起討論過用哪個地名較好。後來跟郭敬明以及他的團隊一起商量，大家都覺得神奈川這名字最好，不僅讀音順口，還附有「神靈」之意。

相較於其他府縣，我到神奈川縣的次數更多，除了獨自前往，還跟其他作家，比如跟余華和李銳等人都去過。從文學的角度看，這其中自有一種關於心境的因素在內。當然另外一個理由就是和中華街有密切的關聯。順帶提一筆，神戶的中華街叫「南京町」，而橫濱的中華街就叫「中華街」，不知原因何在。

現在去橫濱的中華街，可以看到裏面有一個黃帝廟，是那種金光閃爍的大紅大黃，你只要走近看去，就會發現與日本建築的風格還是不太一樣的。

那個時候，我和老一輩華僑還是有一些聯繫的，所謂「聯繫」，也不是事務層面上的，而是我自己對華僑的生活與生存狀態感興趣。在我結識的華僑中，大都是百多年前其父輩就來日本定居了。

這批老華僑靠的是「三把刀」維持自己的生計。第一把是切菜刀，這裏指的是開料理店的；第二把是裁衣刀，當然指的就是專幫別人做衣服的裁縫，起先是做和服，後來做西裝的人漸漸多了起來；最後一把是剃頭刀，說的是開理髮店的。在過去很長一段時期，華僑在日本社會就被稱為「三把刀打天下」。

儘管老華僑中文說得都不太流利，但仍然在回憶他們「三把刀打天下」的年代。不過，把這「三把刀」放到現在這個時代，估計最多也就只剩一把「切菜刀」還在勉強支撐着華僑的營生，「裁衣刀」和「剃頭刀」都已經漸漸消失了，華人或者華僑再靠那兩把刀來維持生計似乎已是不太可能的！

中國改革開放以後，一批新的華人來日本定居，可能有像我這樣的人，在日本生活了三十多年，但就我的周圍而言，沒有誰是一開始就靠「三把刀」來打天下的了。有的人開了餐館，但大部分的人已不再用「切菜刀」來維持其生計了，有的投身 IT 行業，有的去做投資，有的成了教育工作者——這就是時代的變化。

神奈川是一個非常值得去的地方，僅以觀光而言，最好的地方莫過於鎌倉；因為緊靠江之島一帶，風景很美。當然，無論是我個人的經歷，還是這些年來我對周圍的觀察，讓我最感慨的，還是跟神奈川縣橫濱市內那些老華僑們聊天，去聽聽他們以前是如何過日子的，又是如何打下了今天生活的基礎。

新潟縣

我對新潟縣的印象其實在來日本之前就非常深刻，那時對日本沒有實際的感受，只是早在近四十年前唸北大時就讀了川端康成的小說《雪國》，由此知道了新潟縣。

　　這本小說當時給我的震撼很大，最重要的原因是作者筆下寫出了一種空靈的感覺。當然，讀小說一定有很多讀法，我最相信的一種讀法就是還原小說中的真實場景。人物也許是虛構的，但風景卻不易改變，地名也不會變。

　　川端康成是日本當代文學史上的一座高峰，也是諾貝爾文學獎大師。他的小說有很多都是從實際的遊歷中得到靈感，之後再捕捉原型人物而誕生的。《雪國》這本小說的原始風景來自於新潟縣一個叫湯澤溫泉的地方。川端康成為了寫這本小說，前後五次去了該地。最有意思的是當地有一家溫泉旅館叫「高半」，那兒曾有一位藝伎，而這位藝伎就是《雪國》裏的人物原型。

　　現在如果你去那家叫「高半」的溫泉旅館，還可以看到當時那位藝伎的照片，旅館裏有一個小小的展示廳。我記得藝伎的名字叫松容，給我的印象很深，一是因為我很早就讀過《雪國》；二是在一次旅行當中，實地去了新潟縣，還專門到了湯澤溫泉，由衷地想找一找川端康成是以何種心境描寫雪國的。對川端康成這樣的作家來說，他創作這部小說的原始動機，無非是他本人在現實當中所看到的一種真實的還原。

　　《雪國》一書可謂經典，我手上就有多個譯本，其中有一個譯本是人民文學出版社 2002 年出版的，譯者是葉渭渠先生。開篇是那段著名的開場白，寫道：「穿過縣界長長的隧道，便是雪國，夜空下一片白茫茫。」

　　實際上，《雪國》所描寫的隧道是 1931 年開通的，叫「清水隧道」，起先是一條單軌車道。另外還有一條反向的鐵道線，叫「新清水隧道」，而這個直到 1980 年才開通。也就是說，川端康成寫《雪國》的時候，隧道只是車往裏進 —— 從東京往新潟縣方向開進，而沒有從新潟縣往東京方向開出來的。

《雪國》小說中開篇寫的「穿過縣界長長的隧道」，其實原文寫的是「國界」，在川端康成的文學表述中，縣不是「縣」，而是「國」。而且這個「國」是靠一條單軌隧道，把一個聖界與俗界劃分開了。

聖與俗的概念在《雪國》當中是非常明顯的，川端康成寫得異常空靈。接下來的描寫是這樣的：火車在信號所前停了下來，一位姑娘從對面座位上站起身子，把島村座位前的玻璃打開，一股冷空氣席捲進來，姑娘將身子探出窗外，彷彿向遠方呼喚似的喊道：「站長先生！站長先生！」一個把圍巾纏到鼻子上，耳帽拉在耳邊的男子手提一盞燈，踏着雪緩步地走過來。島村心想，天這麼冷。他向窗外望去，只見鐵路人員當作臨時宿舍的木板房，星星點點地散落在山下，給人一種冷寂的感覺，那邊的白雪早已被黑暗吞沒了⋯⋯

在這裏所說的信號所其實就是一個信號站，應該就是孤零零地立在那兒。小車站的名字一直到現在都被保留了下來，叫土樽站，是一個無人車站，站內沒有列車員，乘客是自由上下車的。這部小說是川端康成在經過了大量的遊歷以後，依據實景刻畫描寫而成的。因此，很多人甚至把《雪國》當成去新潟縣旅遊的指南書，尤其會選擇在冬天前往，感受那一片冰雪勝景。

通過文學瞭解當地的風情，實際上是能夠使旅行更豐富的。文學看似虛構，但和現實之間應該有一個銜接點，這個銜接點是作者的所思所想。特別是像川端康成這樣的作家，他有非常深厚的文學功底，同時還是一位著名的美術品收藏家，擁有一雙能夠發現美的眼睛，而且眼光犀利而獨道。

現實中的風景依舊，是因為它是真實存在的，而文學的變化性也恰恰因為它只是作為文學而存在着。所以，這不僅造就了《雪國》成為一部經典小說，同時也是使川端康成作為日本第一位獲得諾貝爾文學獎的作家而名垂青史的最重要原因。當然，包括在中國的文壇上，對《雪國》的多重解讀也是從未停止的。文學意義的多變遠遠超過不變的風景。儘管風景是真實的，但也僅僅是真實而已。或許，我們今後再到新潟縣旅遊時，可以從這個角度挖掘出新意。

富山縣

我在富山縣有一位很好的日本朋友，跟我是忘年之交。他是開壽司店的，而且只有他一個人經營，雖然有兩個女兒，但他堅持日本的傳統，壽司是不能讓女人捏的。我曾經問他：「都是吃的，男女為甚麼有別呢？」

他說：「壽司是一把刀，有時是要敬神的，而敬神不能有女人，就像高野山不讓女人進山一樣。」我繼續問他：「過去也許是這樣，但現在都到了這個時代，難道還是一樣的嗎？」

他稍微想了想，繼續回答：「我不太清楚這個世上的變化，反正我做壽司是從父親那裏學來的，他告訴我如果後代沒有男孩就閉店關門，別再做壽司了，讓女孩做壽司會遭報應，化緣都化不了。」

說起吃壽司，最讓我吃驚的城市是澳洲的悉尼市，而不是日本的富山縣。當年也是秋天，在悉尼一條繁華的大街上看見幾個年輕人，手上拿着壽司一邊吃一邊說笑，就像在紐約見到美國人早上跟外賣老闆一邊聊天一邊吃熱狗一樣，而所謂「壽司」，這種源於日本的食品，無疑很少有在馬路上吃它的印象！

隨着最近二十多年來日本經濟失速，很多壽司店的家傳技術轉移到了海外，逐漸使日本之外的國家與地區出現了空前的「壽司熱」，非日裔的店舖多如雨後春笋，甚至包括主題店也層出不窮。根據「日本貿易振興機構」（JETRO）最新數據統計，巴西的聖保羅就有上千家壽司店，倫敦有六百多家，莫斯科則有四百多家，有的咖啡店也提供「壽司彩盒」，專門作為茶點。另外，日本醬油近年的出口率增長相當明顯，2017 年達到歷史最高峰，出口數量近四萬噸，其最主要的原因是全世界對壽司的需求提升，這一數字在中國的增長也十分明顯。 其實，壽司的歷史並不長，一般來說是源起於江戶時代（1603-1868 年），準確地說是 1820 年前後出現的，起先只是作為鄉土料理，更多集中於東京地區，到了 1941 年後，情況才發生了變

化。當時，日本很多地方都被美國軍隊佔領，限令大米不可以自由買賣，根據《生活必需物資統制法令》的規定，大米要定量分配。同時，市面上還有一種「外食券」，如果沒有這個券，日本人外出吃不到大米。1947 年，日本陷入饑荒，美軍根據《飲食營業緊急措施法令》，除了專用「外食券」的旅館與飯店之外，所有飲食店全面被禁止，日本糧荒愈發嚴重。

不過，任何事情都有其兩面性。因為得到當時的美軍司令麥克阿瑟的特批，一家叫「江戶前」的壽司店居然獲得了營業許可，日本人可以拿自家的米到壽司店去做壽司，店裏只收加工費，而不收大米錢。所以，在壽司已經成為世界食品的今天，不少日本人談起壽司就會提起麥克阿瑟，稱其當時的舉動救活了很多日本人。

現在把話題說回到富山縣，當地最有名的鄉土料理是鱒壽司，即將一塊壽司用鱒魚的魚片完完整整地包起來，看上去很像一個隻紅色的布包。當然，所謂「紅色」，指的是新鮮的鱒魚片。

日本人吃壽司的歷史並不長，加之一些信仰上的元素，聽起來覺得神秘，其實它只是一種傳統食物。據日本厚生省的統計數據顯示，全日本壽司消費量最高的城市大多是見不到海的，比如像栃木縣和歧阜縣，而既靠海又喜歡吃壽司的地方也就只有富山縣了。

頑固的日本友人對女人做壽司的偏見讓人費解。不管那位忘年之交怎麼說，我反倒覺得，女人的感性猶如大海，應該讓她們擁有更多機會進入壽司的創意之中。有了女人製作的壽司，恍若為日本的飲食文化添上一份鮮活，更顯爭奇鬥艷。

石川縣

石川縣最吸引人的觀光勝地就是金澤，那裏有「小京都」的美譽。當地的兼六園，以及老街東茶屋街都是值得一去的景點。對於石川縣而言，金澤無疑是地標性的存在。

我去過石川縣很多回，有的時候是為了做買賣，有的時候是去見朋友，有的時候就是單純的旅遊。石川縣給我印象最深的風物是一種叫「石豆腐」的食品。

甚麼叫石豆腐呢？就是把豆腐做得像石頭一般堅硬，它還有一個名字叫「堅豆腐」。這種豆腐在當地人氣很旺，一般在石川縣幾大城市車站的土特產店裏都有得賣。

在人們的常識中，豆腐都是很軟的，從清水裏捧出來，一碰易碎。但當地的豆腐為何會像石頭般堅硬呢？對此，我很好奇，有一年還特地去探尋這些豆腐的製作工藝，查了很多資料。那是二十多年前的事了，當時還是有線網絡時代，上網還靠撥號通信，訊息也不似如今這般海量，我因而遍尋不獲。

一次偶然的機會，我認識了一位出生在石川縣的日本人，從他那裏終於得知了石豆腐的做法。他告訴我這種豆腐只在一個叫「白峰村」的地方生產，是當地祖傳的手藝。這個白峰村地處石川縣的一座山裏，最大的特徵就是那兒有一個很大的池塘，是由冬日落雪融化形成的。池內還養殖了很多三文魚。三文魚其實是由於海水逆流才出現在淡水湖中的，漸漸地也就在淡水中存活下來了。白峰村池塘裏的三文魚也是如此，那裏的水質條件很適合其生存。而我一直尋覓的石豆腐就是用這個池塘裏的水製成的。「只有這個池塘的水能用，別的地方的都不行。」這位日本朋友告訴我，石豆腐的製作第一靠水，第二靠空氣，第三就靠豆腐人的手藝。我愈聽愈覺得有意思。

有一回，我開車去了白峰村，從神戶開車過去，途經一個叫「小杉」的地方，之後又在山路上繞了好幾個彎，終於轉到了白峰村。這

是一個不滿百戶的村莊，基本上都是做豆腐的。村子裏的房屋大多用木頭搭建，給人以古樸的感覺，它們圍着池塘而建，散落在山坳裏。

日本友人給我指了方向，我就循着方向前去，找到了豆腐坊的主人。老人已經 101 歲了，他的老伴也很長壽，是 98 歲高齡，身體依然硬朗。老倆口一輩子都在做豆腐，每天凌晨三點左右就起床了。冬日的凌晨格外地冷，有一種快被凍僵的感覺，但這個時候卻是做豆腐最佳的時間。

我走進這家豆腐坊，為了想看他如何製作豆腐，我留宿了一晚，住在附近的一家民宿，並與老人約好第二天一早碰面。我到的時候，老人正好在池塘邊擔水。那池塘很神奇，裏面雖然養着很多三文魚，但是根本看不見污垢與水草，清澈見底。

老人直接拿桶開始做豆腐。他跟我講了一段話，我到現在都記得特別牢：「做豆腐用的水，正是因為有這些三文魚的活躍才能讓豆腐變硬，魚用牠們的肢體在水裏面翻騰，讓水質變得『堅硬』。這個池塘的水本身就與其他的清水不一樣，它和豆腐或豆皮、豆渣等融在一起，就會使那些東西變硬，比我們平常所吃的豆腐要硬得多。」

老人做豆腐時一直重複着同一動作，他凌晨三點多就開始起身準備需要用的水，然後把豆製品來回地摩擦和揉捏，等這所有的操作結束後，大概已經是早上六七點鐘。

我去的那天還是深秋，尚未進入冬季。看到黎明的太陽升起來，老人顯得特別興奮。因為那個時候，他已經做了一大堆的石豆腐了。他對着日出的方向，雙手合十，口頌「南（な）無（む）阿（あ）彌（み）陀（だ）佛（ぶつ）」。

他一直面向朝陽，口中頌佛不斷，彷彿在傾訴。在這一切都結束後，水裏的豆腐已經開始撲通撲通地冒泡了，密集而柔和。噢！原來

石頭豆腐是這樣做出來的。當然製作當中還有其他的小技巧，老人說那是他家祖傳的，所以一般都不往外說。

我離開的時候他送了我一塊石豆腐，用草繩綁着，真的是立得起來的，像板磚似的。老人告訴我，想吃的時候，就把它放在水裏，它就會慢慢地鬆軟下來，吃到嘴裏非常勁道。

白峰村本身是一個沒有被開發的小村莊，它並不是甚麼觀光勝地，只是一個居所而已。如果你有機會去石川縣旅遊，一定不要錯過土特產店裏賣的這種豆腐。當然，如果有興趣，你們也可以像我那般，親自去白峰村看一看，看一看那口池塘，品一口當地的豆腐。我想，你們也許會碰到那個百歲老人，今天他可能依然在做着豆腐。那裏的精彩，就等着你們去發現了！

福井縣

福井縣的風物，在我看來，莫過於列車，或者應該說是那種小火車。坐在車內，看着車窗外飛馳而過的基本都是荒野，這一景象讓我有些吃驚。

日本山多，人口也比較密集，在視覺上似乎從來沒有帶來過荒涼之感。到了鄉村，要麼就是沃野縱橫，要麼就是綠樹繁枝，要麼就像大城市，有着密集的樓群，以及佈滿私宅的小巷；有時候到海岸邊觀潮，那海水也是一浪接着一浪；不要說荒涼了，就連一丁點疏落的氣氛都找不到。那麼，為甚麼福井縣會給我一種身處荒野的感覺呢？

每次去福井縣都很不巧地趕上陰雨天，氣溫不高不低，路上行人稀少。從車窗往外看的時候，視線幾乎與海面是平行的，天空顯得格外高闊，烏雲也顯得格外遙遠，天高雲淡，給人一種極目無垠之感。

可不知為何，每次坐上福井縣的小火車，窗外那種寥廓景致，莫名地被代入了一種荒涼感。我也曾靜下心來思考為甚麼會這樣？發現自己好像陷入了兩種景致的交錯 —— 一種是我對中國的、對自己故鄉的記憶，另一種就是對眼前的，對日本的感知。

如果不在日本，而是在中國的話，離開大城市去往鄉間，無論你到哪裏，只要坐上列車，那窗外飛逝的農舍、田園、河水，還有山峰，都是疏散的，沒有稠密的人間煙火，更沒有那種高密度的樓群。車窗外的景物總是給人以疏淡空遠之感，車內密集人群和窗外疏落景致的對照，頻繁地在眼前切換。面對此情此景，總是在眼中留下一抹隨之而來的空曠感。

返鄉的旅途是愉快的，可對我來說，每次回到故鄉，坐在火車上都有前面說到的那種感覺，漸漸地在我腦中形成一道回憶。待回日本後，景致雖然不同，但那種感受卻像隨時會湧現一般，令人浮想聯篇，乃至將完全不同的景、物交融在一起，長留心間。

每當小火車沿着福井縣的海岸行駛 ── 有的時候是去觀光景地，有的時候是去找一個熟人，更多時候是獨自一人到某個寺院打坐 ── 一路上，車窗外飛逝的景物讓人聯想起那些熟悉的日本海濱城市。這或許是因為我長年住在神戶，那裏就是一個海濱城市，所以當地的風光早就儲滿了我的記憶。因此，從車窗往外看福井那種海天一色的景致，一種荒涼的感覺油然而生。那是在城市中尋不到的，但在潛意識中又久久期待的別樣感受。

福井縣在我的印象中就是這般，但這種視覺景致的聯想並不是我對這個地方所有感受的唯一來源。歲月，還有時間，以及某種溫馨的記憶，都會讓我覺得周圍的空氣是濕漉漉的，濛濛細雨彌漫 ── 反正每次到福井都會碰上陰雨綿延的天氣。

福井縣還有一個很有名的地方叫東尋坊，是一處幽深而神秘的斷壁懸崖。那是一個自殺發生率超高的地方，也有一些人認為，那裏也是離逝者靈魂最近的地方。因此，在東尋坊周邊，有很多教會、寺院或神社裏的工作人員自發成立的救援組織，他們會不間斷地在沿路豎起標語牌，上面都是一些發自內心的關懷或勸告，有讓你留心腳下的，也有的會勸誡你慎重考慮自己的人生，甚至還有的會提出建議 ── 請不要往腳下看，請看向遠處的大海，請看向頭頂的天空⋯⋯以祈讓那些迷惘的人能開闊心境。凡此種種，讓東尋坊在福井變得不僅僅是一個景點，很多人都喜歡去那裏看一看，或許甚麼也不幹，僅僅是作思考，在那裏能感受到不一樣的心境，將自己過去的記憶一一梳理。

福井縣給我的印象大抵如此，說不上為甚麼。或者下次我特意挑一個陽光明媚的日子前去，能有不一樣的感觀印象吧！

山梨縣

前面給大家介紹過，山梨縣是環繞富士山的一個縣，另外兩個縣是神奈川和靜岡。登富士山有兩條為大家所熟知的路線，一條是從山梨縣出發，另外一條路線就是從靜岡縣出發。這些年，跟很多國內的好友一起去登富士山，從山腳到山頂共分為十合目，我體力沒有他們好，有的人登上了山頂，可我基本上在五合目或者六合目的地方就停下來了。

遊覽山梨縣，除了富士山，還可以看到很多山地以及美麗的葡萄園。山梨縣是盛產葡萄酒的地方，好友中有很多人都是做葡萄酒買賣的，他們有人去過法國、意大利、德國的葡萄酒莊，還有人是經營葡萄酒廠的。如果不是受他們的影響，我可能也不會對葡萄酒特別感興趣。與好友們一起走過幾個葡萄園之後，我的確增長了見識。但是，山梨縣釀製葡萄酒的歷史，很少被人正兒八經地提上檯面，我也只是從釀酒師傅那裏聽到一些野史，但引人入勝之處恰恰就在於此。

葡萄酒在日本流傳開來，其實是明治維新之後的事了。明治維新整個改變了德川幕府的政府體制與行政機制，決定「廢藩置縣」，全國上下對地域名不再稱「藩」，而是稱「縣」。山梨縣在明治初期被稱為「甲府縣」，所以一直到現在，日本人津津樂道的依然還是甲府葡萄酒，而不是山梨葡萄酒。

明治時代（1868-1912 年）的日本上下流行兩個口號 —— 一個叫「富國強兵」，另一個叫「殖產興業」。尤其值得一提的是後者，這就好比我們現在所說的創新創業。明治初期的日本政府對如何鼓勵創新可謂毫無經驗，日本人對於創意的想法之於那個時代猶如井噴一般爆發。

在當時的山梨縣，葡萄酒可以說是一個完全的新生事物，或者說是一個「奇葩」。這個「奇葩」的誕生有兩個人物不得不提，他們一個叫山田，另一個叫茶間，都是真言密宗的佛教徒。當時的日本，已

有很多外國人前來，尤其是在神戶、橫濱等港口城市，他們有的是從蘇格蘭來的，還有的來自英國，這些人前來日本尋找釀酒的原料，同時也帶來新的釀酒方法。由此，上文提到的那兩個日本人得知葡萄也是可以釀酒的，身為佛教徒的兩人信奉好事不外傳，於是開始在寺院裏摸索如何用土灶釀製葡萄酒，而且非常投入。

你想兩個佛教徒不正兒八經地去唸經，竟然把自己全部財產都拿出來建酒窖，這事可是夠新奇了。不僅如此，這兩人還到橫濱等地，去討教會釀酒的英國人。從今天保留下來的資料來看，他們二人當時已從橫濱購買了一些葡萄酒，而且還把酒瓶子都留了下來。由此可知，日本在明治初期已經有了葡萄酒，我想也許是因為橫濱等港口城市有機會經常與外國商船接觸，從而讓葡萄酒流入日本本土的吧。與此相比，山梨縣能夠把葡萄酒引進來，並最終成為盛產葡萄酒之地，依靠的還是剛才說到的兩位佛教徒。我到山梨縣遊歷時，對這兩人的故事十分感興趣，也在當地作了一些追蹤尋訪。

據說，山田與茶間二人因釀酒技術不成熟，白白投入了很多錢，陷入經濟困局，最後到了酒窖辦不下去的狀態。思來想去之後，他們決定向日本政府寫一份請願書，其理由是為了山梨縣本身的發展，希望能夠得到幫助把釀酒事業搞下去，同時他們還向政府借款種植兩萬棵葡萄樹。

這份請願書寫得非常詳細，情文並茂。大概在明治四年前後通過當時的縣知事藤村，輾轉將這份請願書遞交給了內務大臣大久保利通，那是一位在日本近代史上，尤其明治維新時期赫赫有名的人物。大久保看了請願書，被山梨縣這二人義無反顧拿出全部財產也要繼續本土釀酒事業的熱情與精神打動了，決定由政府借款給他們。當然，這是一筆巨款，而且是不收取分文利息的。從此，山梨縣的葡萄酒釀製業得以延續下去。不久之後，在政府撥款的幫助下，兩萬棵葡萄樹種植完畢，葡萄園建好了，但這二人的酒窖卻宣告破產。

如果把這件事放到歷史的浪潮中觀察的話 —— 兩個佛教徒如饑似渴地吸收着西方文化，不遺餘力地想要完成本土的釀酒事業，讓後人享用 —— 這樣的故事有着其時代的情懷與閃光點。對我而言，這也是一個地方能夠抓住我心的「風物」。

　　將來有機會的話，我還要再到山梨縣去尋訪這兩個人所留下的足跡，通過觀察一百五十餘年前西方文化和日本本土文化擦出的火花，也是我們瞭解日本的一條可貴的渠道。

長野縣

日本是世界上少有的長壽大國。按照前三年的統計，日本的男性平均壽命是 83 歲，女性是 87 歲。根據有關的報道，日本國內男性長壽人口最多的縣就是長野縣，而女性長壽人口最多的是沖繩縣。

每次去長野，我總是會想起一段往事。我曾經在中國社會科學院哲學研究所工作，那時哲學研究所下屬的一個哲學研究雜誌社中有一位資深編輯叫劉奔。劉老師實際上是國內的日本殘留孤兒。所謂「日本殘留孤兒」，是指在侵華戰爭時期，因種種原因留在中國的日本孩子。他的日文原名叫原博昭。我剛剛到日本的時候，跟他交情不錯。通過幾次交流，我知道了他去日本是為了尋找自己的親生父。

日本有一位著名作家叫山崎豐子，她在二十多年前創作了小說《大地之子》，後來還拍成了電視劇，在日本影響很大。山崎老師現在已經去世了，她在《大地之子》中塑造了一位戰後留在中國的日本孤兒，名叫「陸一心」，而這個主角的人物原型就是劉奔老師。為甚麼會想起這段往事呢，因為劉老師的故鄉就在長野縣。那一年他去看望父親，我是陪着一起去的。

那時我到日本還不滿一年，沒記錯的話，應該是 1987 年的冬天。當時，我在三重大學留學，有一位教授開車帶着我們從中央高速公路一直開進長野縣，穿過了長長的隧道，還路過了大片大片的田野。當時感覺周圍的空氣都與別的地方不太一樣。我們很順利地見到了劉奔老師的父親，跟他長得非常像。

老人當時已經九十多歲了，身體還很硬朗，而且還能一個人開着拖拉機下田。我們剛到田埂邊的時候，遠遠地看見他駝着個腰，但行走如風，沒幾步就走到我們面前，看上去就是一位性格很豪爽的農民。

劉奔老師幾年前去世了，我當時還寫過一篇短文，記敘了和他一起去長野縣的那段回憶。我始終覺得，一個人行走在路上，能讓旅途

變得豐富的無外乎兩點，一是回憶，另外一個就是想像。那一次與劉奔老師一起去他的故鄉，可以說構成了我到日本後對長野縣的第一印象。

長野縣有一所寺院叫善光寺，也能夠給人以很大的想像空間。這所寺院面積很大，冬天下雪的時候，僧侶們步入殿堂，人人都是赤腳穿着木屐，踩在石板地上。天上飄着雪花，四周顯得很空靈，而僧侶的誦經聲朗朗。這些，無不激起人的想像。因此，我去過幾次善光寺，大部分都是冬天去的。

日本寺院的正殿與中國的大雄寶殿不同，他們的正殿一般都叫「御影堂」，意思就是把影子含在其中，不讓它外露。當你走進堂內，所能看到的佛像，實際上都是放置在光線陰暗處的，像是隱蔽在某處，如果不仔細看，你都不知道佛像究竟在哪裏。這與我們在國內寺院的大雄寶殿所能感受到的那種堂皇氣勢是不同的，各自的彰顯之處也完全不同。

善光寺的周圍有很多小旅館，分佈在一條長長的石板路的左右。旅館除了提供精緻的料理，還有為信徒進香準備的竹竿和登山鞋。每天早上這一帶都非常熱鬧。日出，僧侶們晨起誦經，之後他們與進香的信徒們交流的幾乎全是家常話，寺院內的氣氛也十分親和，形成了一道獨特的風景。

說到長野縣，還有一個有趣的地方，與宮崎駿的動漫電影《千與千尋》有關。在《千與千尋》裏有一個場景：一棟很古老的大房子。房子有好幾層，每一層都鋪着瓦片，做成蓮瓣的樣子。這棟奇特的老屋成為電影中標誌性的場景，我們在各類該電影的海報上都可以看到。這棟老房子的原型就在長野縣一個叫「澀溫泉」的地方，日語的假名寫作「しぶおんせん」。

溫泉街上那棟老房子的原型現實中叫「金具屋」，一進去，就能

看見左右兩邊的大浴池，說是「大」浴池，實際上也就是三到四米的長寬，一抬頭，可以望見窗櫺，完全是西洋式的設計。據金具屋的老闆娘說，當年宮崎駿來到此處，從這裏得到靈感，然後把這個場景搬入了電影《千與千尋》中，也讓這個地方一夜之間紅了起來。

長野縣的地理位置處於山區，隨處可見樹林與梯田。但是，在上面所說的「澀溫泉」那裏，你感受到的又是另一番風景，彷彿給人以溫柔之美，讓你身在其中，流連忘返，想把自己所有的意識都盤旋於四周似的。有的時候你還會莫名地感覺到所見的風景中帶有水紋，也許這就是激起宮崎駿藝術想像力的地方吧！所有這些之於我，之於遊客來說，形成了一種引發思考的文化元素，讓人忍不住在長野縣多看、多問，更多地感受當地的風情。

前文說到的善光寺也是如此，那些僧侶們彷彿已經將禮佛的儀式融入日常的生活之中，沒有聲勢浩大的儀式感，也沒有列隊前往寺院朝拜的情景。當地的居民都是隨興地前往，與僧侶們親切地交流，沒有任何違和感。

善光寺裏還有一隻「神貓」，關於牠也有一段故事。我自己特別喜歡貓，自稱與貓之間是零距離的，無論是眼神，還是觸摸，與我相遇的貓從沒有拒絕我的。善光寺的那隻「神貓」也真是絕了，每天早晨，牠就會趴在寺院正殿的前面，而且趴着的姿勢就像敬神一般，腦袋面向寺院，兩隻前爪抵在腦袋上，身子完全趴下，絕對五體投地的感覺。「神貓」好似有靈性一般，面向正殿聆聽眾僧誦經，一動不動，生怕打擾了人間的這一份純淨。

在長野縣，你彷彿感受不到大自然離我們有多遙遠，因為它完全融入了人們的日常中。作為劉奔老師的故鄉，這裏有善光寺，有宮崎駿下榻過的「金具屋」，所有這些，留給我的都是很溫和的印象。最後一點建議，大家去長野縣旅遊，最好的季節應是深秋或者初冬。

岐阜縣

岐阜縣有一座山，規模並不是很大，準確地說，應該是群山，當地人管它叫「飛驒」，「驒」用漢字來表示，就是禪宗的「禪」字。但是這個字的偏旁是個馬字旁。我問過當地的人為何如此，迄今為止都沒有人能說出其中的緣由。

都說日本人跟熊有很多關聯，跟馬好像不太親。這話雖然是玩笑，但也有一定的依據。我認識一位當地人，他是專門為登山客做嚮導的。他跟我說：「熊一般都待在北海道，熊喜天寒，沒地方去，只能在那種地方。」

岐阜縣的飛驒地區，也叫飛驒高山，基本上屬內陸性的盆地氣候，早晚溫差很大，尤其到了冬季，它的溫度就驟降。冷的時候氣溫有時可以達到零下十四五攝氏度，直覺這跟北海道的氣溫差不多，也是適合熊生存的。

我跟登山的日本嚮導一說，他覺得我挺較真的，也不愛跟我多搭話了。

有一段時間我參加過日本的一個業餘登山隊，而同隊的很多人都是我過去一起工作過的日本商社同事。當時跟他們聊過一個話題 —— 總覺得山對人的震撼力非常大。比如，每當你走到了懸崖峭壁被攔住去路時，往往會產生一種無力感。

我的登山活動一般都安排在周末，喜歡這種戶外活動的人能把一個星期的職場疲勞通過登山這一活動來釋放。

遇到好天，有時我會主動找一些日本人搭個伴一起去，人一多，吃住起來就便宜，尤其是和我過去的這些同事一起，大家都挺自在。每當我們行走在深山裏，帶路的那位 —— 前面說到的登山嚮導 —— 彷彿腳下生風，兩腿簡直就跟輪子一樣，在我們的面前一直滾動。

愈往山裏走，群山的氣魄愈攝人。當我們到了山澗邊的時候，看到山路似乎走到了盡頭，再往前一看，山石的夾縫裏有好幾處溪流緩緩流下，碧綠清波，很是怡人。這時，那位嚮導開口了，他說：「你別看這溪流現在這樣，一到了夏天雨季，這水就跟惡魔一樣，沖向山下變成巨大的洪潮，有些年還淹死不少人。」

「那冬天呢？」我急忙問他。那位嚮導只說了冬天也有冬天的恐怖之處，嗓門提得特別高，他說冬天最怕突然降雪，雪一大就會發生雪崩，埋人埋村子，連電線杆都埋進去！

電線杆離地面可是有一段距離，大雪硬是把電線杆也埋得無影無蹤。我說：「登山的人要是遭遇上大雪封路，恐怕連路都找不到。」嚮導說：「是啊！所以冬天最可怕。到了冬天，指路尤其關鍵。」

跟嚮導所描述的情景相比，大家一致認為秋天可能是登山最好的季節。但是，我們中誰也沒有在其他季節參加過登山活動。因為冬天來時，就能觀賞到那種白雪皚皚之景，清新而空靈。所以，大家多會選在冬天去岐阜登山。

那位嚮導還講了這麼一件事，不過他沒說這是發生在自己身上的。每年到了冬天，有一個男人揹着沉重的背包，比其他人都早出發，一路上每走到一個路口，他就從背包裏邊拿出一個石質的佛像。佛像被端端正正地擺放到路邊，隨後男人在上面撒上一層鹽，口誦佛語，繼續往前走，到了下一個路口依舊如此。當地人說有一年高山發生雪崩，多虧這些佛像幫了當時的登山客，讓迷路的人沒有遇難。這些年我不止一次聽過此類傳說，而每次聽的時候也不知道為甚麼，腦海裏總會浮現出那位登山嚮導的樣子。尤其當我說熊他說馬的時候，他的那種無可奉告的表情歷歷在目。

路口的佛像是不是他放的，我到現在都不敢斷定，但是這位嚮導給我留下了很深的印象。現在又是冬季了，我想也許他仍然在做他的登山嚮導，正領着一群登山客向山裏走着，走向白雪覆蓋的山峰。也許那些小佛像一個一個的仍然端放在路旁，為了讓人不至於走入雪崩的危險之中。

冬天的岐阜縣，冬天的飛驒高山，是一個值得去的地方。但是至今我仍甚覺奇怪，為甚麼北海道有熊，而岐阜縣的飛驒高山卻沒有呢？

靜岡縣

說起靜岡縣，我會想起在日本商社工作時的一位同事。他與我差不多年紀，五十來歲，那一代人大多經歷過日本的泡沫經濟時期，也是在那個時期開始進入公司工作的。

日本泡沫經濟專指從 20 世紀 80 年代末到 90 年代初這段時期，放在今天，無論是從經驗教訓，還是從對未來經濟的展望，這都是一個反覆提及的話題。

我的那位日本同事，以及與他同齡的那些人，他們的生活狀態，包括在工作中的境遇，或多或少受到了泡沫經濟的影響。同事姓高橋，他是靜岡縣人，後來一直在神戶與我一起工作，座位就在我的旁邊，桌子跟我的連在一起，我們幾乎每天都見面，談工作，有時也談些別的。他是一個很陽光很開朗的人。我中途因為棄商從文，從公司辭職了，總覺得應該去做自己喜歡的事情才對，搞文化、搞創作，這些才是我的追求。但是，高橋一直留在公司，從未變動，即使在今天，他也跟往常一樣，在自己的崗位上，做着自己當做的那份工作。

說來也是巧合，去年我參加了忘年會，召集起來的都是過去公司的職員，我們有一個「OB 會」，其中還包括了退休的和離休的人，也有中途轉業的。在忘年會上，我正好和高橋坐在一起，他告訴我現在公司的一切跟過去一模一樣，沒有任何改變與進展，活像一個人在原地踏步。不過，從語氣上聽起來，他說話的興奮點已經完全不在公司方面了，至少不像跟我一個辦公室時的樣子了。他接着說道：「我們這一代人的肩膀被愈擠愈窄了，總覺得年輕人正在一個一個地往上躥，而對泡沫經濟時期進入日本公司的職員而言，其貢獻被現在的社會輿論所忽視了，淹沒在那段歷史中。認為這些人沒甚麼了不起的貢獻，甚至有人說這一代人給日本經濟拖了後腿甚麼的！」

日本經濟界的專家說日本「是一個失去了二十年的經濟王國」，也就是說在這二十年當中，它的 GDP 雖然不至於負增長，但沒有甚

麼太大的增長。結果，這樣的責任就落在了那批現在五十多歲、剛好是泡沫經濟時期進入公司的人身上。指責他們的尤以年輕人居多。

談着談着就有些沮喪，沉默了一段時間，高橋問我最近在做甚麼？我說我正好在做一個音頻，跟中國讀者講自己旅居日本的經歷，而這一回正好要講靜岡縣。我問高橋：「你是靜岡人吧？」

結果，他一聽我要聊靜岡縣的事，頓時兩眼放光，完全沒了在談工作時的那種鬱悶孤獨，好像一下子變得興奮不已。

我問他有甚麼好玩的故事嗎？高橋向我談起了靜岡的一段歷史。1200 年以前，相當於日本的奈良時代（710-794 年），當時的天皇叫聖武天皇，他下令在奈良縣建造一座寺院，這座寺院至今依然存在，就是被列入世界文化遺產的東大寺。當時，負責建造東大寺的是一位行基和尚。為甚麼聖武天皇如此信賴行基和尚，並將這般重任交付於他來完成？這還得從聖武天皇沒有繼位前的一段往事說起。

年輕時的聖武天皇得過一場重病，藥石無效。作為天皇之位的繼承人，這在當時是一件大事，多位知名的陰陽師都被招去為他祈福。其中有好幾位陰陽師都告訴他：您要治好這個病，必須要往東去。那個時代，天皇並不居於東京，而是在京都，以京都為中心，向東的方位則正好朝向了靜岡縣。而且，陰陽師還告訴他，往東去需要找一棵大樹。如果找到的話，就要用這棵大樹雕刻一座佛像，雕完以後向佛像祈願，他的病就能好了。

據說，這件事當時就是讓行基和尚去完成的，他向着東方一直走，走到靜岡縣後，終於找到了一棵大樹，這是一棵古老而巨大的楠樹。行基和尚讓人把樹砍下，分別製成了七尊觀音菩薩像。等到製作第七尊佛像時，則由他親自雕刻，沒日沒夜，他只是專注於做這件事。就在他快撐不住的時候，突然出現了一位老人，老人端着一個碗，跟他說：「你喝這個吧！」行基和尚毫不猶豫，拿過來就喝，

喝完後，他很快就從疲憊中恢復過來了。相傳，那位老人給他喝的，就是靜岡縣產的茶。靜岡縣是全日本茶業最發達的地方，日本百分之四十以上的茶葉都出自靜岡縣，也有人稱靜岡是日本的「茶縣」。

行基和尚親自雕刻的那尊佛像現在還供奉於法明寺內。而那位抱病的皇太子，傳說在佛像完成時，他的病也痊癒了，後來繼位成了聖武天皇。為此，他很感激行基和尚，委任他着手建造東大寺。

這個故事在靜岡當地流傳日久，雖然是發生在 1200 年前的故事，但高橋跟我講起來很是興奮。我說，你這故事挺有意思，因為一般大眾都認為茶葉是從中國或者朝鮮那邊傳到日本的，原來在日本人心中也有他們自己的本土故事。

但是，讓我意外的是告訴我這個故事的，是久未見面的日本同事。這樣看來，我和日本同事們之間的交往還是不夠，真希望他能告訴我更多有關靜岡縣的傳說。期待下次吧！

愛知縣

愛知縣是我初到日本就知道的一個地方。因為三十多年前剛到日本時，先是去三重大學留學，後來就到了一個魚店裏打工賣魚，最後當了一個地地道道的魚店小夥計。

那時剛離開大學，是由我所在的魚店老闆幫我辦了在日本的工作簽證，記得好像是一連串的數字標識的，我忘了具體號碼了。總之，愛知縣對我來說，不是一個旅遊景點，而是我紮紮實實生活過的一個地方。

那個時候，我住在三重縣的四日市，住的是魚店老闆的別墅，在湯之山。然後，每天早上開車走名神高速公路，直接開往愛知縣，到一個叫知多半島的漁港，那裏海邊漁船密集。這段經歷也讓我跟普通的日本人，包括那些漁民、商販，還有日式料理店的店主和廚師，以及賣海帶的大媽等，有了零距離的接觸與溝通。對我來說，類似這樣的經歷，後來都成了我瞭解日本的認知基礎，很鮮活，不死板，就像一棵常青樹。

到知多半島的時候，每天早上都碰到十分生動的場景；比如，魚店都是專門賣魚的，有活魚，也有凍魚。但在店內，一般都不擺桌子和椅子，基本上是沒人來吃飯的，但凡到這裏來的，全是魚販子。他們每天都是凌晨三四點鐘就已經披星戴月地開始工作了。臨近清晨時分，是叫賣聲最熱鬧的時候。

這些人從漁船上大量地購入鮮魚，然後推銷給那些分佈在大街小巷的日本料理店。所謂早市都非常地「早」，日出的時候，大概五六點鐘的樣子，他們就開着小卡車跑到名古屋市內送魚了。接下來，再到愛知縣幾個重要城市的日式餐廳，每天要把這些魚送過去，一條也不能少。

披星戴月，人頭攢動，這是一道奇特的風景。現在想起來這樣做也是非常合理的，因為白天道路擁堵，夜晚行車比較通暢，那些滿載

海鮮的拖車都在深更半夜裏奔馳着。

另外，出海打魚的漁船都是凌晨返航的，魚的新鮮程度和清晨時分永遠有直接的聯繫，至少在日本，我就從來沒有聽說誰是晚間出來買鮮魚的。

魚市有一個人給我留下了很深的印象，到現在我一說起魚蝦來，這個人的面孔一下了就會跳在我的眼前。也就是說，這種印象甚至多少年以後都不會改變。作為日本人，他比其他人的身裁要高，臉龐清秀，兩腮有往裏抽動的那種感覺，尤其是尖尖的下巴，就像炒菜用的鐵鍋的把手一樣。從外表看上去，實在沒有那種魚老大的風度。

每天凌晨大約兩點，他總是穿着一身銀光閃亮的西裝，腰間還繫着一條黃皮帶，細腿碎步，像一縷輕煙，一下子飄到我的眼前。有一次，我看着他走遠，嘴裏還叼了一根牙籤，印象特別深。因為他人比較瘦長，走在魚市裏，兩條腿真像兩根牙籤一樣，一前一後地邁着步子，顯得特別滑稽。

我問他：「你穿的這種亮銀的西裝是不是制服？」

他睜大眼睛說：「我是賣魚的，想賣得好，就要跟魚的打扮一樣。」我繼續問這魚的打扮是甚麼意思？他說：「你看魚都有魚鱗，魚鱗在月光下都會亮亮地閃着光。我就是要跟那些魚較較勁。」

我後來才知道，在魚市上，大家都管他叫「魚先生」，當時，我看他老愛笑，但一認真起來了，完全就是個賣魚的，日本有很多人都能把一件事情做到極致。從當時距今都三十多年了，我仍然對此人記憶猶新，可見他當時所穿的跟魚鱗一樣銀光閃爍的西裝給我留下了多深的印象。

他的一天是這麼安排的：深夜三點左右一定要到魚市，換好他銀光閃亮的西裝，他說這是他的「戰鬥服」，然後就為魚販子們叫行賣

魚。大約到了早上六七點鐘收攤，打掃店舖，一杯酒下肚，生魚當小菜，再喝一杯日本的那種熱酒，回家的時候大概是中午時分，很快熟睡，一直睡到下午六點多鐘起床。

在這以後，他開始為夜間的工作做準備，看看他的戰服是不是依然閃亮。有一次他跟我說：「我這個衣服不僅僅是像魚，而且是像一條太刀魚。你看那太刀魚，就是魚鱗有特別強的金屬質感。」後來我就想，他賣幾條魚都能做到這個份上，把魚和自己的着裝打扮甚至自己的生活緊密地連在一起，真是夠敬業的。

其實，這個疑問一直保持到了現在，有的時候，我發現這可能是日本人所謂「工匠精神」的一環，他們很容易把一種對照物移情為自己心靈的一種印象。這個人因為留給我的記憶太深刻，所以每次說起愛知縣，我就會情不自禁地想到他。順便一提，前文所說的太刀魚，實際上就是我們所說的帶魚。

三重縣

三重縣是我到日本後第一個居住的地方，當時我是三重大學的自費留學生。我從北大畢業後就到了中國社會科學院哲學研究所工作，在哲學研究所工作了兩年，之後就去了日本留學。

　　三重縣對我來說是一個學習、生活過的地方，要說的事情很多，我甚至曾經有個想法，可以把當時的很多經歷寫成一本書，因為那段時間對我來說是永遠難忘的。三十年前的三重縣，還是鄉村的感覺，沒有大都市的繁華與喧鬧，但是人與人之間的親和，以及那種不排外的氣氛都給我留下了美好的回憶。

　　剛到三重縣的時候，住的地方叫「一身田」，位於三重縣縣府所在地津市，也是三重大學所在地。大學靠海，視野很開闊。「一身田」這個地方是一個農家。所謂農家，就是建在田埂邊上的那些木質小房子，大多比較簡陋，連洗澡和廁所都是在屋外的，大家公用。我記得那個時候要洗澡，得自己拿着盆和毛巾走過好幾道田埂，到了大雨天，遍地泥濘，有時寸步難行。這樣的生活狀態時常讓我難以入睡，尤其是剛剛去的時候。到了夏天的晚上，根本就睡不着，最重要的原因是稻田裏邊有很多青蛙在狂叫。

　　月光下青蛙一直在叫，聲嘶力竭似的。木房子裏面鋪着榻榻米，睡覺時墊着草墊子，枕頭直接連在墊子上的那種，每當走廊裏有人走過就會傳來很大的回聲。而稻田裏的青蛙也不止一隻，牠們是一群在那裏鳴叫，聽起來像有「地聲」產生了一樣，甚至在你睡覺時都好像能與你的心跳同步。

　　剛到日本的時候，心情難免沮喪；因為我當初在國內也算是學有所成，懷着想更瞭解日本文化，以及進一步深造的美好願景前往的。到了日本後，現實的生活給我以淒涼之感，甚至我會問自己：「為甚麼偏要到日本來？」

　　晚上一旦被青蛙吵醒，就再也睡不着了，這也加深了我的孤獨

感。當然，剛到日本時我是二十五歲，還算在社會上有一定的經驗，心理上也做好了承受一切的準備。儘管如此，夏天聽着每晚的蛙叫，實在不能讓自己的心安定下來。

有一天晚上，我想着與其睡不着，還不如乾脆就起來，去看看青蛙是怎麼回事。我從木房子裏出來，走到田埂上蹲下，抬頭望見那天的月亮，特別漂亮，是那種微帶藍色的柔和的月光。就在這絕美月光下，我發現青蛙正在田間「絕叫」——一種絕對的狂叫。仔細觀察，原來青蛙分成兩個「軍團」，成群結隊，根本不是孤軍作戰。你可以清晰地看到一群青蛙裏面有一個巨大的頭，另一群裏面也有，兩位「巨頭」似乎在衡量對方的實力，相互之間處於對峙的狀態。

看着看着，我竟然看得出神了，覺得每隻青蛙的跳躍，在月光下一隻一隻閃現。自從那個晚上後，我開始喜歡起了自己身處的「一身田」，所住的那間小木屋，以及周圍的田埂，因為我突然從那些所見所聞中感受到了一種美好，甚至將其視為我人生中第一次感受到自然界的一種奇異的景象。我知道，當離開三重縣的時候，自己就再也看不到這一景象了

「一身田」離一所寺院很近，這所寺院叫真宗高田派本山專修寺，亦稱「高田本山」，該寺信奉「淨土真宗」，供奉初祖親鸞像。這是一位日本著名的僧侶，活躍在鐮倉時代（1185-1333年），他的弟子根據其語錄，整理形成著述《嘆異抄》。我後來把這本書翻譯成了中文，由北京的文津出版社出版。

說到親鸞，我第一次知道這個名字就是在三重縣留學的時候，而所有這些，都是被那間木屋周圍的青蛙的「絕叫」聲引出來的。因為有了那個奇妙的夜晚，我開始對自己腳下這片土地產生了濃厚的興趣，也就有了之後的鑽研。因此，我對日本文化的瞭解與研究最先是從「腳下生風」的。

為何會對「高田本山」感興趣，因為其建築形制？因為其殿堂規模？或者因為其香客雲集的景象？這些都不是！是因為我初到日本時所住的那間小木屋的房東——一位慈祥的日本老奶奶。老奶奶雖然直不起腰來，但幹活很勤奮，一個人開着小拖拉機在稻田裏來來回回。她每天都起得特別早，拄着拐棍，向着寺院而去，她要去那裏燒香誦經，從無間斷。

　　有一次，我看到了一個奇妙的場景，因為晚上聽着蛙叫睡不着，所以也就乾脆不睡了，熬夜翻資料。那天又是一個熬夜後的早晨，我走出小木屋，在田埂上走着，老奶奶就走在前面，我看着她向「高田本山」的方向而去。那時，旭日初升，大地開始泛紅。我清晰地看到寺院的後面襯着紅色的太陽，冉冉升起，老奶奶一直走着，像是一步一步地走進了太陽一般。那個極具衝擊感的畫面，我至今都忘不了。

　　三重縣這個地方曾讓我沮喪，但也是重新燃起我想要瞭解日本文化、瞭解日本人最初的那片土地。可以說，我迄今所取得的成就，也許就是由三重縣的那一片蛙聲所引發的吧！

滋賀縣

滋賀縣跟我現在居住的兵庫縣都屬關西地區，此外，還包括大阪府、京都府以及奈良縣。有的日本觀光手冊上會出現「三都物語」的說法，這「三都」都在關西地區。

「三都」之中雖然沒有滋賀縣，但對我個人來說，那兒恰恰是我在所有關西的縣中經常去的一個地方；因為喜歡與日本朋友，有時還與國內來的好友到琵琶湖去。滋賀縣的地域面積有很大一塊是被琵琶湖所覆蓋的，沿着湖畔有很多觀光的景點，還有一些文化設施，挺吸引人的。

講滋賀縣我第一個想細說的就是「食」。滋賀縣有一道名菜叫鮒魚壽司。這是一種發酵食品。如果說中國有臭豆腐的話，那日本就有鮒魚壽司，相互之間有得一拼。

鮒魚壽司因為是發酵製成，味道很濃烈。尋常的日本壽司都會往米裏放一些醋，所以我們吃起來，總有一絲甜甜的、酸酸的口感。但是鮒魚壽司的製作完全不同，先將鹽和米混合浸泡，形成一種獨特的發酵味道，再往裏面加酒糟。如此一來，鮒魚壽司所能保存的時間比較長，有的甚至可以保存一至兩年。

在江戶時代，滋賀縣也叫「近江國」。到了春季，這裏的人們都會從琵琶湖裏捕撈鮒魚。鮒魚看上去紅紅的，所以當地人管它叫「紅葉鮒魚」。捕撈以後，把它與米和鹽攪在一起，任其發酵。保存得當可以一直放置下去，甚至作為過冬的食物。鮒魚壽司之所以有名，也是因為江戶時代類似的發酵食品並不多。在發酵過程中會用到酒糟，有時可以用味噌來替代。可以說，鮒魚壽司是因其在製作工序上有所創新而聞名。

在滋賀縣琵琶湖周邊居住的人都喜歡去釣湖裏的魚。據說，滋賀縣的漁具產業比較發達，到處都可以看到製作漁具的小作坊，而且還有店面很小但是種類齊全的「專賣店」。

如果對滋賀縣的歷史感興趣的話，可以看看其中的兩座城。一座叫「彥根城」，還有一座叫「安土城」，這兩座城對瞭解滋賀縣的歷史來說，都是值得去的地方。此外，滋賀縣面積較大，為方便起見，建議開車前往。

關於滋賀縣還有一種傳說，在當地的鄉村地區，有幾家裝飾華麗的老虎機專門店。不過，據說全日本只有滋賀縣的老虎機基本上是打不出甚麼名堂的。日本友人曾經跟我說：「你根本就打不中，扔的錢都是白扔。」

日本有一座比叡山，在其他的文章中也曾提到過，那是日本佛教的「母山」。比叡山橫跨兩個府縣，一個是京都府，另一個是滋賀縣。山上有一座延曆寺，非常有名，很多去滋賀縣的遊客都是遊了琵琶湖後又去延曆寺，尤其是冬天下雪時，景色絕美。

講到滋賀縣，還有一個有意思的事，是關於一家鐵道公司設置的站名，這家公司叫「京阪電鐵」，連接的是京都到大阪這一段。這條線路上有一個站名叫「膳所站」，日語發音是「ぜぜ」。我最初聽到這個站名時完全沒聽懂，如果問你到哪一站下，回答說「ぜぜ」，恐怕連日本人也很難搞清楚吧！

後來，我才知道有此站名是因為在該站附近有一所膳所高中，在滋賀縣很有名，據說只要是進了這所高中，名牌大學基本上就跑不了，大部分在該校就讀的高中生都能考得上。當地還有一家有名的拉麵店叫「來來亭」，該店是從滋賀起家，在日本其他地方有很多分店。不過，一說起來來亭，很多日本人還是會馬上聯想到滋賀縣。

另外，滋賀縣還有許多「都市傳說」，日語假名寫作「としでんせつ」，實際上就是有關城市中流傳的一些不可思議現象的傳說，日本每到夏季此類「都市傳說」就會特別多，舉行的敬神儀式也會相應地增多。此類慶典日語喚作「まつり」，實際上都是為了敬神驅鬼，

或者是為了迎接祖先從彼岸歸來。當地有這樣一個傳說，說琵琶湖每年都會發現一具亡者的屍體，但絕不會出現第二具，聽起來十分神秘。據說，還曾有人特地去當地求證這一「都市傳說」是否真的存在。

不過，在琵琶湖周邊卻很少傳出有人投湖自盡的。我想，之所以出現上述事件，可能是琵琶湖周邊的居民都好釣魚，有人釣魚時不小心跌落湖中所致。

最後，話題還是回到剛才說的鮒魚壽司上，史料上記載，鮒魚壽司曾經拿給織田信長品嘗，不料因為氣味濃烈，薰得他差點當場昏厥。於是，織田信長怒斥道：「這種東西竟然送到我這裏來！」但是，正是因為織田信長的大怒，讓鮒魚壽司變得愈加有名。

京都府

說起來也不知甚麼原因，這麼多年，幾乎每年十二月的第一個或第二個星期的周末，我都會到京都去。京都有一座山叫比叡山，我會住到這座山上的一家酒店。酒店的建築很別致，好像是一個法國人設計的，整個酒店只有二十幾個房間，沒有甚麼娛樂設施，卡拉 OK、溫泉甚麼的都沒有。每個房間都是按照法國地名來命名的，比如有叫巴黎的房間，還有的叫里昂、諾曼底等。這家酒店最有意思的是它的廣告語，叫做「把你的時間還給你」。在我看來很吸引。

　　京都這座城市給人一種「古舊」的感覺，就像史書上描寫的景致能在現實中感受到那般。那兒有很多老街，街道佈局類似中國的西安。整個城市像一個棋盤，上下左右，規規矩矩，井井有條。所以在京都，一般不太容易迷路，那裏彎道很少，街道基本上都是直來直去的。

　　我印象最深的是在那家酒店裏，曾經碰到了一位日本國寶級的電影導演，他叫山田洋次，在中國也很有名。他拍過很多優秀的電影，比如高倉健主演的《幸福的黃手絹》，還有一個系列劇叫《寅次郎的故事》，等等。

　　山田洋次小時候曾在中國居住，應該是在大連。這段在中國的旅居歲月，對他後來電影創作中，對空間、對風景那種較為大氣的觀照，有着一定的影響。他說自己一直到了中學的時候都沒見過隧道，因為中國的平原大多寬闊。返回日本以後，他開始投身於電影創作，卻經常跟攝影師產生分歧，因為攝影師找到的景點大多非常日式，都是那麼幾條老街，碎石道與台階，很少有那種空曠如野的感覺。這常讓導演山田洋次覺得不爽。

　　實際上這就是一種景與人的「交往」，往往令人難忘。相互之間可以自由往來，穿過一些愉快的或者不愉快的記憶，喚起某年某月某個細節，可能是一簇鮮花，也可能是天上的一朵白雲。時隔多年，我

們都會變老，但是風景卻不會變。儘管一年四季更替，有的人喜歡深秋的紅葉，有的卻喜歡初冬的瑞雪，還有人偏愛夏季的空山新雨……林林總總，有時讓你清醒，有時則讓你沉醉。一旦記憶把你放飛成另外一個你，比如說一個少年的你，一個詩意的你，或者一個得意的你，一個奮發圖強的你的時候，風景就會發生變化。「把時間還給你自己」—— 就是讓你往自己的內心走去。

現在又到新年了，不過遺憾的是今年沒能住在那家酒店，但我可以回憶起住在那裏的感受 —— 站在酒店的窗前，可以看到比叡山。太陽還沒有升上山頂的時候，那些苦行僧就從你的眼前走過了。他們穿的是草鞋，手裏拿的是走山路時用的木棍，口頌南無阿彌陀佛，快步向前。

因為地域比較小，所以日本的苦行僧基本上都是圍着固定的幾座山修行。比叡山是日本佛教的「母山」。在那裏修行的苦行僧一般都要連續走一千天，盤繞比叡山，一直走到「與風景融為一體」為止。經過寺院的時候，他們每個人都要面對佛堂齊聲誦經，其頌經聲迴蕩在整個山中，猶如一種素淨、一種安詳從天緩緩而降一樣。

此情此景，讓我想起過去看過的一幅明代山水畫，忘了是誰畫的了，但畫的落款處有一行字，我覺得特別有意境，就一直記着。「秋野寂雲晦，望山僧獨歸。」經查，這是唐代詩人韋應物所作《煙際鐘》中的一句。身處比叡山中，也許你隨意地往山裏一看，就會看到僧人孤身而歸的身影。

雖然，那幅山水畫所描繪的是秋天之景，但我覺得畫中場景特別符合冬日的京都給我的印象，古色古香，一轉身、一閃神間，發現寂靜原來就在你的心田。

大阪府

有的時候對一個人來說，離得最近的事物往往最易忽視，而離得最遠的卻往往更願去關注。大阪給我的感覺就是如此。因為工作地點的關係，有時候去講課、見朋友，甚至購物都要途經大阪。

　　這些年，大阪已經成為日本在旅遊觀光方面發展最快的城市，其境外遊客增長率位居全日本第一。2017年全日本的境外遊客約在2800萬左右，其中的2000萬人都到過大阪。而僅僅在2003年，日本的全年境外遊客人數還只是500萬人左右。當然，這一數字的增長，主要依靠經濟的發展。今天，你走在日本的街上，能看到不同的膚色，聽到不同的語言。在大阪鬧市的人流中，我們可以體驗到不同文化的交融。尤其對我這樣來日本已久的人來說，更喜歡留意一些細節。

　　大阪有一個三條鐵路線交匯的地方叫梅田，那裏無疑是一個鬧市區，JR線、阪急線以及阪神線皆途經梅田。梅田車站的地標建築是一座大型的かんらんしゃ，就是我們所說的摩天輪。你可以想像這樣一幅畫面，夕陽西下，微風拂面，摩天輪緩緩轉動，將一對對情侶送向高空，戀人們互相依偎，就這麼坐了一圈又一圈，不捨分離——日劇裏也經常能見到這樣的場景。

　　人們將自己融入大阪這座城市的蒼茫暮色中，漸漸地，又融入了這座城市的夜景中。夜色漸濃，都市的燈火一盞接着一盞亮起來，慢慢形成一片璀璨的光之海。抬頭再看梅田的摩天輪，似乎看不見天，城市的光好像鎖住了路人的視線，很難向遠處伸展。

　　大阪靠海，海風習習，街景深處有音樂隱隱傳來，絲絲縷縷，若隱若現。儼然有一種喧鬧中的安逸感。大阪雖然是一個鬧市，但是這種日常的嘈雜並不讓人生厭，恰恰是有一些細微處，予人以安靜。或者這就是人們所說的環境與心境的融合吧，至少在大阪的梅田，讓我感受到了一種塵囂中的靜謐。

梅田有很多特色的咖啡屋，我是一個「咖啡黨」，因此對那裏的咖啡屋很有記憶，一走進去，那種香味可以洗滌你一天的疲勞。

　　我記得有這麼一家咖啡屋，門是木質的，上面掛着一個鈴鐺，每有客人來，就會發出「叮鈴鈴」的聲音。走進咖啡屋，櫃檯呈橢圓形，外面圍着一圈高腳椅，男男女女的坐滿了客人。大多時候，咖啡屋裏安靜得聽不到說話聲，大家都只顧着品這一刻悠閒。

　　咖啡屋的上面就是鐵路線的鐵軌，每次列車經過，都會有一股震盪傳遞下來，旋即是轟隆隆的行車聲。不過，每次的間隔時間都準得很。

　　這家店的店主是一位日本姑娘，穿衣風格非常有大阪印象 —— 無論季節怎麼變換，她總是着一件大白褂子，胸前寫着黑色的「大阪」兩個字，特別醒目。我因為常去這家咖啡店，所以見過她多次，大多時候我會坐在高腳椅上，每次抬頭，印入眼簾的就是她胸前的「大阪名牌」，然後就是她的微笑，盈盈地溢滿整個空間。不必過多交流，

點一杯咖啡，她就能讀懂你需要的，彷彿彼此很熟悉一般。常客們愛喝甚麼，她都能記得住。一進屋，沒過一會兒，她就將你需要的放在你面前了。

每次走進店內，女店主都會微笑示意，我則輕輕地點點頭，回之以禮。店內是一副常態，她照看着櫃檯，客人們自顧自地喝着咖啡，大半時光就這般無聲流逝。

很多年以後，我又去了那家咖啡屋，才發現女店主已不在店內了，接班的是一位中年男子，他也是着一件大白褂子，胸前寫着「大阪」二字，但好像不是黑色的。男子不喜微笑，我因為與他不熟，不知該不該向其點頭致意，也就只好低頭喝着自己的咖啡。

後來我才知道，這位中年男子是之前那位女店主的新婚丈夫，而女店主是一位聾啞人，她不會說話，因此總是用微笑來迎接每一位客人。她能記住每一位熟客的喜好，有她的微笑足矣，無須任何交流。

如果你有興趣的話，去大阪旅遊時，不妨也到那家咖啡屋裏喝杯咖啡，想必還能碰見女店主的先生吧！而這位新店主，則是那些年裏，坐在櫃檯前的高腳椅中，對着女店主微笑的人中的一個。

這就是生活，很鮮活，很真實。生活豈能盡如人意，但是我們要學着在平凡與不順心中去感受一兩個細節，也許你會有另一番感知。

大阪給我留下的細節印象，就是一杯咖啡加一個人的微笑。

兵庫縣是我在日本三十多年中居住時間最長的地方。原來一直住在神戶市內，這也是兵庫縣的縣廳所在地，十多年前才搬家到了西宮市，也位於兵庫縣。

　　為何會在兵庫縣內居住那麼長的時間呢？除了工作的原因，另外一個重要的理由是我十分喜歡村上春樹的小說，而村上春樹本人一直到十九歲，都是在兵庫縣度過的，與他的父母就住在西宮市。因為是家中獨子，所以村上一家三口人一直到村上春樹上了早稻田大學之前始終都沒有離開過西宮市。我作為村上的書迷，也作為一個超級文學愛好者，在喜歡讀村上春樹小說的同時，也想瞭解一下他從出生後的十九年間是如何看待這座城市的。

　　非常幸運的是，村上春樹留下了很多文字，包括現在還在撰寫的一些東西，從中都可以看到有關西宮這座城市的蛛絲馬跡，一些影子，以及一些隱喻。所以說，兵庫縣給我的印象可能會跟別的地區不太一樣，其中的層次更多、更豐富，而且也更立體。

　　很多年以來，每年到了 1 月 17 日，我與周圍的日本鄰居都會悼念 1995 年阪神大地震的遇難者們。當時我跟妻子住在神戶市的垂水區，那兒是非常嚴重的受災地，斷電，缺水，沒有燃氣，強震幾乎破壞了城市所有的公共功能。當時的地震給人的感覺不是左右搖晃，而是上下搖擺，日本人叫「垂直型地震」，造成了一些恐慌，因為沒有過類似的經歷。不過，在這樣的非常時刻，我從中也看到了很多原來並不瞭解的日本人的人情。記得地震發生在凌晨，從大樓的鋼筋水泥中發出的響聲始終不散，撕心裂肺般，大地發出了令人恐懼的猶如世界末日到來時的巨響。我們跑出樓房，但意外地發現周圍卻沒有多少人。看上去，日本人好像已經習慣了地震，等過了幾分鐘以後，人們才陸陸續續地開始走出來。

　　有兩個細節一直到現在我都記憶猶新。當時從家裏出來，開車沿着公路走，途經一座高架橋，地震發生時，橋上有一輛列車正在行駛中。當時，車輛就像是「掛」在橋上，因為高架橋已經出現了斷裂，車頭似乎沿着扭曲的鐵軌微微下墜。我在車裏可以看到列車前幾排的乘客。

因為是凌晨，列車裏亮着燈，當時讓我最吃驚的，是在這樣的危急關頭——列車都快要掉到橋下去了——很多乘客竟然在車裏安靜地看書，好像對這一狀態無動於衷，其鎮定讓我很吃驚。

還有一件事發生在便利店內，當時地震一下子打亂了人們的日常生活，交通癱瘓了，出現了大批的傷亡人員，還有地方發生火災等等。便利店裏排滿了人，我記得剛進店時，店員還沒能從突發地震的驚恐狀態中緩過來。過了一段時間，店裏貼出一張紙，上面寫的是：衛生紙每人限購一袋，敬請理解。這時，我正好在買日用品的貨架前，看見一位老太太拿了一袋衛生紙回到了便利店，跟店員說：「我剛才多買了一袋，現在還給你。」

在危急狀態下發生的事情給人的印象格外深刻。有關地震，這是在我個人經歷中怎麼也抹不掉的記憶，因此，難免多說幾句。

兵庫是一個風水很好的地方，尤其是神戶市，依山傍海，是非常有名的宜居城市，也是日本的「政令指定都市」之一。兵庫縣整個地區，包括它的溫泉，例如城崎溫泉，還有有馬溫泉，都有許多值得考究的歷史。中國近代史上多位名人，例如孫中山、郁達夫、梁啟超等人，也都在兵庫縣留下了足跡。

兵庫縣還有一家「千年老字號」，至今依然在營業。據美國《財富》雜誌統計，全世界已運營上千年的企業並不多，只有十二家，而其中九家都集中在了日本，實在令人驚嘆！在兵庫的城崎溫泉街，有一家古老的溫泉旅館叫「古まん」，這可以稱得上是世界上最「老」的酒店了，已有上千年的歷史。全日本，這種千年老店不止一處，開業千年，至今還能延續，究竟說明了甚麼？

想來，這也是一個有意思的研究。我個人對此很感興趣，也是我眼下所關注的課題之一——住在兵庫縣，並以此地為自己觀察的中心，發散開去，形成一個觀察的維度，然後去解答自己對日本社會的好奇。就我個人而言，近期都不會離開兵庫縣，會繼續住在那兒，把它作為自己觀察日本文化的一個窗口、一個視角，或者說一個立場吧！

奈良縣

我周圍有很多中國的朋友都去過奈良縣，這地方離京都和大阪也不遠。到過奈良的朋友都有一個印象——也可能是對當地的唯一印象——大家都說奈良有很多梅花鹿，還有當地人所稱的日本鹿。這些鹿基本上都集中在東大寺、奈良公園，以及世界文化遺產春日大社的附近。

我有一個日本的學生是奈良縣人，他家祖上是獵戶。在日本，獵戶要有特別的許可證，拿到這個證不是一件容易的事，它代表着一種資質。同時，它也表明了你的狩獵方式，比如說你用哪種型號的獵槍，口徑有多大，這些都要報上去。此外，獵戶的狩獵範圍也要向公安當局申報。我這個學生，祖輩都是幹這一行的，除了狩獵——主要是打野豬——還有一個工作就是維護鹿所生存的環境。

關於奈良的鹿，有很多傳說。相傳在奈良時代（710-794年），日本有一個神，名字特別有意思，叫「五瓮槌命」。傳說中，他騎着白色的鹿，降落在春日大社。當地的人們將其奉為神靈，並將白鹿視為神的使者，流傳至今。此後，人們認為鹿是不可以傷害的，否則就會受到天罰。對此，還有另外一個傳說，奈良時代有一個叫三座的男孩，在春日大社裏尋食，一不小心誤殺了一頭鹿，結果這個男孩被當地人給活埋了。儘管這只是個傳說，但從這個悲傷的故事裏，我們可以看出當地人對鹿的崇敬，已到了視作神靈的地步。

要說世界上有哪座城市是以鹿為「圖騰」的，估計非奈良莫屬。算起來，奈良縣已經有一千三百年的歷史了，當地人代代相傳着，凡是後腳跟有白毛的鹿，都是神的使者，應保障其世世代代繁衍不絕。

據奈良縣官網上的資料所知：截至2016年，奈良公園裏有1455頭鹿，其中公鹿400頭、母鹿826頭、小鹿229頭，這些詳細的數據不僅體現了當地管理之精細，而且還表明了鹿在奈良的大量存在。也許有很多人會質疑：這麼多的鹿是不是人工培養的？事實上，這些鹿全都是野生的。

其實，當你仔細觀察這些鹿，會發現隨着季節的變化，牠們身上的

斑紋也會產生奇妙的改變。春天的時候，櫻花盛開，鹿的身上會出現一些白點，到了秋天天氣轉涼了，這些白點就會變成深褐色，幾乎看不到原來的白點了。

奈良縣的春日大社裏有一個地方叫「鹿園」，這是專門為鹿設置的救護站。一旦有鹿被車撞了，或者懷孕了，都會被移送到這裏。鹿園裏有很多專業的人士，由他們來負責照料這些鹿。

奈良縣還有一座知名的奈良公園，整個公園裏幾乎沒有甚麼圍柵，鹿在那裏可以隨意走動。公園附近的小賣店還出售一種專門給鹿餵食的米果，日本人叫「鹿仙貝」，遊客只可以拿這種米果給鹿吃。

這些鹿仙貝百分之八十都來自於一家製造商，是以一個叫武田俊男的人來命名的。這種米果無糖無油，用小麥粉和米糠合在一起，較其他米果來得薄。據當地的店家說，到了春天和秋天這兩大觀光季節 —— 一是看櫻花，一是賞紅葉 —— 店裏一天要售出近五萬片鹿仙貝。

在奈良，人與鹿之間還有着某種奇妙的關係。如果你在養草季前去奈良公園，就會發現草坪上的草都是不長的，基本上都是薄薄的一層，適合人們坐在草地上。那是因為鹿是食草的，牠們都是天然的「修草員」。人們常吐槽說奈良的園林工人都要失業了，活兒全讓鹿給幹了。所以，園林工人也挺埋怨的，鹿把自己的飯碗都給搶了。但是，這也沒辦法，誰叫鹿在奈良人的心中是神的使者，尤其是見到後腳跟有白毛的，奈良人就會停下來，有的人甚至還雙手合十，口誦「南無阿彌陀佛」。

總之，到了奈良，你就是不想見到鹿，也非見不可，因為鹿幾乎隨處可見，看上去已與整個城市融為一體。

奈良是一個風景秀麗的地方，有着悠久的歷史，與中國的歷史也有一些淵源，如唐招提寺與鑒真和尚的故事等。當然這些我們都可以在有關的歷史資料中查得。對我而言，到了奈良是一定要去看鹿的，最好是可以尋到那種腳後跟有白毛的鹿，這樣的旅程才更有意思，所見所聞也更豐富。

和歌山縣

和歌山縣離關西國際機場非常近，一般來說飛機降落在關西機場前，我們從機窗裏望見的都是和歌山縣的風景。因此，我的很多朋友每次去關西地區，例如神戶、大阪或京都，都會選擇在旅程的第一天或最後一天住在和歌山縣。

　　說到和歌山縣的故事，我想說一說那兒的一條鐵道線，以及該線的「站長」。那是十幾年前就有的新聞了，當時日本各大媒體，甚至英國廣播公司（BBC）、美國有線電視新聞網（CNN）都曾報道過這則新聞。因為，在和歌山有一條名叫「貴志川」的鐵道線，而該線貴志站的「站長」非常有名，是一隻名叫小玉的貓咪。

　　一隻貓咪因為一場意外的經歷，結果拯救了一條瀕臨倒閉的鐵道線。這樣的故事聽上去就很有意思。2016 年，我與和歌山電鐵公司的老闆小島光信一起參加在京都舉行的研討會，才算有機會深入瞭解貓站長小玉的故事。

　　有一隻貓咪在車站旁被小賣店的阿姨收養了。這原來是南海鐵路公司旗下的一條鐵道線，因為經營狀況不好，公司打算放棄這條鐵道線的運營。養貓的阿姨知道這個消息後很傷心，於是，她找到了小島社長。小島本人雖然不是和歌山縣人，但是聽了阿姨述說對這條路線的留戀，再加上小玉的影響，當即決定收購這條鐵道線。據小島社長說，第一次見面時，小玉望向他的眼神非常執着，好像在說：「你看是不是能讓我留下來？」因為要是貴志川線不再運營的話，鐵道線周邊就要重新開發，收養小玉的阿姨所開的小賣部也要搬走了。

　　但是，怎樣才能改變這條鐵道線的經營狀況，讓它生存下去呢？小島社長想來想去，終於想出一個妙計—乾脆讓這隻貓咪在車站當個「站長」吧！因為日本的法規明文規定，車站裏不可以養寵物，車站是公共空間，不是私人的，尤其要注意安全。「但是，讓牠當『站長』，就相當於牠是接受我的命令，是在執行工作。這樣牠就是我的職員了。」

　　聽到小島社長說這番話，我感覺他肯定是受了宮崎駿動漫的影響，童心未泯。但小玉接受了這份工作，牠看着小島社長，好像在說："Yes, Sir!"

　　小玉站長特別敬業，你給牠戴上站長帽，牠從不會用爪子去扒拉。

牠從早到晚趴在車站進出口處的一塊空台上，每當乘客從這裏走過，牠都像在默默地打招呼。有乘客逗牠，牠也從不躲開，就像在盡自己的職責為乘客服務。漸漸地，小玉出名了，很多人都知道在日本鄉間貴志川線的貴志站有一位貓咪站長。讓貓咪當站長，這件事情本身就夠稀奇的了，加之該條鐵道線因為貓咪站長引來了眾多乘客，人數倍增，慢慢該車站就變成了一個觀光景點。

很不幸，貓咪站長小玉後來因病去世了。我也是從小島社長那兒聽到了牠離開前的那一幕。那一天，小島社長要去開會，但是他的助手打電話來，說小玉快不行了，讓他趕緊過來。聽罷，小島社長馬上放棄了預定召開的會議和其他工作，迅速趕到了小玉的身旁。那個時候，小玉已經很虛弱了，打着點滴瓶。小島社長沒進屋之前，牠一直沒有力氣地趴在那兒，一動不動。可是，小島社長一進屋，小玉立馬認出了他，忽然「坐」了起來，眼睛瞪得大大的，一直望着小島社長，好像在說：「真的對不起，沒有完成您交給我的站長任務。」

一直到現在，小島社長每次說到這一段的時候，總是忍不住眼泛淚光。他覺得這隻貓咪和他所想所念，還有立志要做的事情是一致的，這讓他非常的感懷。

2017 年，我策劃出版了一本書，書名叫《貓咪站長小玉：一隻貓挽救了瀕臨破產的鐵道線》，而作者就是小島社長，這是一本專門寫給小學生讀的勵志讀物。我還將這本書譯成了中文，做成一本中日文對照的有聲讀物。再後來，我在上海策劃「在日本」系列，把這個故事告訴了編輯們，大家一致說好。於是，它就出現在了這本書中。

小玉雖然去世了，但是牠在很多人心中，已經成了一種意念的象徵。貴志站附近有一座小小的神社，神社中還供着小玉的雕像。後來還有了「二玉」、「三玉」和「四玉」，都是牠的晚輩，今天的貴志站依然由貓咪繼續擔任站長一職。小島社長說：「今後讓貓咪當站長的做法還會延續，但唯一的條件是牠必須是三花貓。」因為小玉就是一隻三花貓，所以小島社長希望這個美麗的故事一直延續下去。

看來，和歌山縣是個挺「萌」的地方，同時也是一個有故事的地方。尤其是愛貓的人士，應該前去看一看。

鳥取縣

這些年我去鳥取縣主要是為了參加一些行政方面的會議，而這些會議的議題大多都是「如何讓更多外國遊客到鳥取縣來旅遊」。當地政府召集各行各業的有識之士一起討論，出出點子。因我本人十年前得到日本國土交通省所頒的"Visit Japan"稱號，所以經常接受各都道府縣的邀請，提一些建議。如果有這樣的機會，除非時間排不開，我基本上都會去。除去參加各類會議，這十年來，一有假期，我還會去日本各地遊歷。時間長了，慢慢地走遍47個都道府縣，也才有了今天這本書。

前文說到在鳥取縣舉行的建言會議，邀請方並沒有把我當成一個單純的觀光客，而是作為一個瞭解當地文化風俗，或者能從某些方面描繪鳥取縣在日本所處地位的海外學者。

某次會上，鳥取縣觀光部門的行政人員一上來就說：「別人都說鳥取縣不太能夠引起人們的注意，為此，我們專門準備了五個『點子』，也就是話題。如果這些話題也能跟海外的朋友交流，讓愈來愈多的海外遊客到鳥取縣來，那就更好了。」

按照我當時的理解，還以為他所說的「話題」，就是我們所說的笑話，也就姑且聽之。其實並不全然如此。那位觀光部門的行政人員曾說過：「當你與別人介紹鳥取縣時，只要拿這五個話題說事就行了。」

今天，我想讓你們瞭解鳥取縣，也要與你們提一下這五個「話題」。

第一，鳥取縣有全日本最大的沙丘，在1955年就被指定為日本國家天然紀念物，海灘上全是沙子，一眼望去很好看，翻過沙丘就能看到大海。南北向2.4公里，東西向為16公里左右，看上去是一個瘦長的海岸，整個都是沙丘。

第二，鳥取縣是日本人口最少的縣，不足59萬人。在日本人口當中，平均130個人裏只有一個人是鳥取縣的縣民，整整一個縣只有四座城市，其構成也是日本最少的。鳥取縣的四座城市叫鳥取市、倉吉市、米子市，還有一個叫境港市。除了縣的人口是全日本最少的，縣所轄市的數量也是全日本最少的。

第三，鳥取縣最常見的食物是咖喱飯。日本的家常咖喱飯有很多種類的速食，只要在微波爐裏加熱就能食用。鳥取縣平均每家的咖喱消費量是全日本最高的。據說，過去鳥取縣還曾出現一個天天吃咖喱飯的「話題」人物。另外，鳥取縣的人口雖然是日本最少的，但是全縣的泡麵消費量卻可排在全日本第三。

第四，鳥取縣打籃球的中學生人數佔比是全日本第一；此外，愛好游泳運動的女學生人數的佔比也位列全日本第一。按照這一統計數據，鳥取縣雖然縣小人少，但每一百個男中學生裏就有十二個人是打籃球的，而每一百個女學生中有三人是參加游泳隊的。因此，鳥取縣雖然是一個人口小縣，卻可稱得上是一個體育「大」縣，而這也是讓鳥取縣人自豪的地方。

第五，鳥取縣的名人。鳥取縣出過兩位漫畫家，其中一位很多人都知道，就是《名偵探柯南》的作者青山剛昌，他是鳥取縣倉吉市人。另外一位是個獨臂畫家，出生於鳥取縣境港市，如今已經過世了。他就是漫畫《鬼太郎》的作者水木茂。

記得在那次建議會上，我作為被邀請者也提了自己的建議：不應該把鳥取縣是全日本人口最少的縣當作一個負面話題，反而應該當成優勢，因為現代社會恰恰是人少才會有開發的價值，也才會更有魅力。

當你去日本其他地方觀光，例如京都這樣的古都，風景是很美，但也人多得厲害，每年都有大批的人蜂擁而至，觀紅葉、賞櫻花。這時，你賞的不是花，而只能看到「煮餃子」般的人潮。不如乾脆選擇人少的鳥取縣。人少，反而能使觀景的空間變大，個人在旅途中所能感受的悠閒與輕鬆才能得以舒展。何樂而不為呢？人少應當成為當地的一筆「財富」。鳥取縣在沒有人口紅利的情況下，應該挖掘其他元素，這樣才更有發展前景。

當然，以我這個去過多次的人的經驗來看，鳥取縣的優點不止於此，在鳥取縣你能感受更開闊的視野。徒步走在小路上，或者開車走在公路上，兩邊的房子顯得疏疏落落的，毫無密集之感，路上的行人也比較少。就像我在那次建言會議上所說的：沒有那些大場面的風景，有時也是觀光地的魅力之處，值得一去，更值得一觀。

島根縣

去島根縣的那次旅程非常神秘，至少對我個人而言。多年來，我遊走日本各個都道府縣，但是像那次去島根縣那般神秘的，卻是我之前從未體驗過的。

島根縣也叫島根半島，縣域往北大概四五十公里的地方，有一個很著名的群島，叫「隱岐諸島」。這是由一個一個小島連接起來的，看上去全是沒有人住的無人島。如果想去的話，可以到島根縣的官網上查詢，上面寫得很清楚。據聞那兒周圍共有一百八十多個無人島。

大約十多年前，記得正是北京奧運會那一年。我在東京認識了一家專門提供殯葬服務的公司老闆，我這位朋友過去是一位和尚，誦經與唸佛都是他的日常，除了處理佛教上的事務之外，他還是一位實業家。

在日本，殯葬這門行業與寺院有着緊密的關係。日本的寺院不僅有設幼兒園的，同時也提供殯葬服務並管理墓地。我這位朋友曾邀請我一起去島根縣看一個「物件」；所謂的「物件」，在日語裏不是我們所說的「零件」，而是指的是房地產的項目。在此之前我也曾去過島根縣，當時還曾繞着松江城走過幾圈，甚為感嘆，尤其是小泉文學館最為吸引我。這次又說要去島根，我覺得挺好，就與他約定時間同往。

最初，我還不知道此次前往島根的緣由，去了後才知道，原來並不是要去島根縣本土，而是要去距那兒不遠的隱岐諸島。我的朋友與另外幾位經營者合資，準備收購其中的一個無名島，然後將它作為「散骨」地。

所謂「散骨」，是指人去世了以後，火化後的骨灰要撒掉，而在當代的日本社會，你撒在哪裏卻成了一個大問題。像東京這般人口密集的大都市，寸土寸金，很少有安置骨灰之處；即使有也要價高昂，只有富裕的人家才能花得起錢。所以，他就想到隱岐諸島中找一處合

適的無人島。

　　無人島上可以安置故人的骨灰，而且還可以舉行相關的儀式，讓家屬得到心靈的安慰。撒骨灰的時候，可以撒到島上的山裏，也可以撒到大海裏。他打算推進這個項目，當時他跟我說：「東京專門做殯葬服務的公司也希望投資，大概有七八家的樣子。」

　　前文已經說了，這件事發生在十多年前。當時，我跟那位朋友一起去了無人島，雖然在那樣空靈的環境中，我們聊的卻不是彼岸或此岸的話題，甚至都很少聊到日本，談得最多的是中國的北京奧運會。我記得，為了推進這個項目，我的這位朋友還與島根縣的縣政府簽訂了一份協議。對縣政府而言，是很願意促成這件事的，這樣做就等於多了一份財政收入。不過，要做成這件事，當時還面臨着一個困難，因為日本相關法律中有一條叫「遺骨遺棄罪」，指的是已故之人的屍骨，家屬不能隨意撒棄，否則可能涉嫌犯罪。

　　為此，我那位朋友就想着：無人島不僅僅可以作為「散骨」地，如果在那裏造一個火葬場，把故人的遺體直接運往那裏，火化後再舉行「散骨」儀式。按照日本法律，如果要把遺骨撒在無人島上，則所撒的面積都要標記出來的，標記的單位精確到毫米，這就意味着骨灰所撒的地方不能粗算，必須精算才行。

　　所以，才必須要與當地縣政府簽訂協議，明確規則。我聽說後當時還跟他開玩笑說：「從嬰兒一直到老年，身形逐步變大，又逐步縮小，最後以毫米為單位回歸自然，如此輪回挺有意思的。」對此，他沒笑，很認真地說道：「這件事很複雜，日本是土地私有制，包括這個無人島也是有擁有者的。還有大海，雖然不歸個人所有，但海岸部分都屬私人所有。舉行『散骨』儀式時，必須要與每一方都溝通好才行啊！另外，把骨灰撒完以後，如果還需要在無人島上修一個墓牌或者一座墓碑，將涉及到『墓地埋葬法』，又是另外一套法律管制，規

定墓碑所在的地區必須有專業人員管理，比如一個月內哪幾天對外開放，哪幾天不可開放之類的，全部都要寫進你的策劃書中。」

如今十多年過去了，如果按每年累積一百個人，想必現在那個地方已經是千人的安眠之所了。無人島早已經名不副實，因為它已經變成了有「人」島。

我在島根縣的這段經歷比較奇特，它並不是發生在島根縣，而是發生在那座無人島上。在東京這樣的高度繁華地帶，有太多的人既沒有財力，也沒有能力去做殯葬的善後工作。我那位朋友正是基於那樣的出發點，最後他找到了島根縣，找到了隱岐諸島。無人島作為先人的安眠之地，不能專門向遊客開放觀光。但是，每年的五月和九月會各開放四天，供家屬掃墓，祭奠先人。

至今，我還記得最初去那座無人島的時候，感覺它就像大海上的一顆珍珠，我們站在一座山頂上往下看，陽光明媚，無人島恍若閃閃發光，當時的風景既讓人感覺壯觀，卻又有一種莫名的柔美之感。

這就是我到島根縣的神秘之旅，時隔十年，歷歷在目。

岡山縣

日本民間有很多傳說故事，其中與岡山縣關係最大的莫過於桃太郎了。桃太郎是一個從桃子裏長出來的小孩，他力大無比，可以除鬼滅妖。關於桃太郎的故事是不是從岡山縣起源的，其實還有其他論說，但大部分的人還是認為這個故事出自岡山縣。這也算是當地的一個「風物」，就連岡山車站也立了一尊桃太郎的銅像。

　　岡山縣的岡山市有一座神社叫「吉備津神社」，神社內至今還流傳着二千多年前桃太郎降妖伏魔的故事。日本人心中桃太郎的故事，是可以給人世間帶來和平的美談。其實，除了桃太郎，日本民間還流傳着許多這樣的故事，尤以在夏天可以驅鬼納福的神童或靈獸的傳說居多。每年秋天，岡山縣都會舉辦「桃太郎祭り」，取名桃太郎節，是因為在當地人心中，岡山縣是桃太郎的源起地，沒有其他地方了。如此一來，也可以從全國各地招攬遊客。

　　岡山縣緊靠瀨戶內海，我之前做生意時，有一位客商就住在岡山縣一個叫「牛窗」的小漁港，那是一個風景很漂亮的地方，號稱「日本的愛情海」。漁港沿岸的酒店一律做成了圓形拱門，讓人印象很深。

　　記得應該是 20 世紀 90 年代，日本首相橋本龍太郎就是岡山縣出身，當地人中能做到國家首相的還真不多。有一次，橋本龍太郎訪問中國，並親自出席了在北京舉行的有關海灣發展的會議。我當時正在經商，有幸也參加了那次會議。會上，橋本龍太郎說他是從岡山縣來的，並稱讚自己的故鄉很注重教育，從嬰兒時就開始，而他自己就是在那種環境下長大的。然後，他提到了兩個細節：

　　有一對母子，年輕的母親每次在家中接待來客時都會給客人現磨咖啡。她的孩子只有三四歲，還沒開始上幼兒園。這小孩看着母親取出機器將咖啡豆磨粉，然後放進電咖啡壺中煮熱，覺得很是新奇，就跟母親說：「我也要來弄！」一般而言，母親總是會擔心自己的孩子太小，會不小心燙傷、弄疼，但這位母親並不顧及這些，很輕鬆地說：

「好吧！你自己來弄。」就在孩子身旁邊看邊指導。於是，這個孩子從磨咖啡豆開始，一點一點學會了給客人煮咖啡。從此以後，只要家中來客人，他就不讓母親動手了。一個孩子就這樣成長起來了。

等到那位孩子上了小學，有一次，他看見母親拿着針線縫破了的衣服，又自告奮勇要動手。這時，孩子正好有一條小牛仔褲上破了個小洞，他不讓母親幫忙找針線，學着母親平時的樣子自己拿針線縫了起來。等他縫完了，母親一看覺得奇怪，因為牛仔褲是藍色的，上面縫的線卻是紅色的線，顯得突兀。母親於是問孩子：「你縫這個怎麼用紅色的線呢？」小孩回答說：「在你的針線盒裏正好有一根紅線，所以我就用它縫了。」對此，母親甚麼都沒說，就讓那條牛仔褲維持孩子縫好的樣子。這個孩子並沒有因為找不到其他顏色的線就放棄自己動手這件事；為此，母親鼓勵孩子做得好：「使用現成的材料，這樣最好。」

上面說到的那兩個細節，那位母親對於孩子成長中的想法，從來沒有打壓，而是順勢而為，激勵他：不管做得好不好，發揮其功能就好。這就是那天橋本龍太郎在會上說的一席話，他所舉的這兩個實例，都是普通而平淡的。他說：「這就是傳統，不必誇張，凡事向身邊看齊。」

由此，我又聯想到了文章一開始提到的桃太郎，在大人的眼中看來，桃太郎這個從桃子中長出的小孩天賦異稟，能夠降伏妖魔。但是換一個角度來想，不是正是因為周圍的大人沒有對他的成長加以限制，任其馳騁；這個孩子，是不是正因為獲得了這樣的自由，才使之成為桃太郎的呢？受此啟發，也許有一天，我會專門寫一篇有關岡山縣「桃太郎式」學前教育的文章。

廣島縣

說起廣島縣，一些人就會想起原爆紀念館，還有一個叫宮島的地方。可能宮島知道的人更多一些，它的標誌性建築就是一座在海面上豎起的巨大鳥居，在很多宣傳海報上都出現過。我去過廣島縣多次了，每次去都不是為了原爆紀念館，也不是為了宮島，而是為了一位如今可能在國內並不廣為人知的作家，這個人叫倉田百三。他的故鄉在廣島縣的莊原市，那個地方的格局很小，市中心有一個湖，照現在的標準，也許應該叫「池子」才對，當地人叫「上野池」，漂亮而別致。

倉田百三作為日本佛教劇作家，其著作《出家及其弟子》，曾譯成多種語言，流傳頗廣。20 世紀上半葉，該劇作的中文版本出版，由郁達夫為其作序。

我為甚麼會對這個人物感興趣呢？是因為看他的作品，總是讓我聯想起莎士比亞的劇作。倉田百三創作的《出家及其弟子》，是一部六幕的舞台劇作，描寫了名僧親鸞與他兒子（及弟子）的故事，背景是鎌倉時代。親鸞是日本淨土真宗的創立人，他希望兒子能夠繼承自己的衣缽，皈依佛祖，但沒料到兒子卻與一位藝伎戀愛了。為此，兩代人之間產生了激烈的衝突，而這種衝突的戲劇表現力，是挺吸引人的。但是，我並不是因為這個故事本身的吸引力才對這位作家感興趣，而是更關注倉田百三個人經歷與其創作之路的關聯性。

倉田百三是明治時代生人，中學之前從來沒有離開過自己的故鄉廣島。到了高中時，他直接考到了「一高」，當時在日本屬名校，一說是東京大學的前身。倉田百三去了東京以後，特別傾慕日本哲學家西田幾多郎的才華，曾前往京教拜訪西田先生。西田幾多郎是日本近代史上最具代表性的哲學家，代表作《善的研究》對後世影響深遠。

實際上，西方宗教約在明治時代傳入日本本土，再加上日本歷來信奉的神道，以及更早之前就傳入日本的佛教各宗，到了大正年間，可謂是各種宗教思想「百花齊放」的時候。而倉田百三對於以宗教為

背景的文學創作的興趣，應該就是在其東京求學時產生的。

不久之後，倉田百三不幸染上了肺結核，這在當時幾乎是不治之症。無奈之下他只好退學。早在退學之前，倉田百三就寫過一部名為《愛與認識的出發》的散記，表述自己對青春悸動的回憶。後來，他的病情反覆，乾脆就回到了家鄉廣島，在莊原市住了下來，就住在前文提及的上野池邊一個小木屋裏，開始了隱居式的生活，而他的代表作《出家及其弟子》就是在這段時期創作的。

1917年，《出家及其弟子》由岩波書店出版。這部劇作一經問世，就引起了很強烈的社會反響，被譯成多種語言出版，頗受讚譽，其中包括諾貝爾文學獎得主、法國作家羅曼·羅蘭，他為該作的法語版作序，還曾寫信給倉田百三，讚賞其才能。

倉田百三在家鄉廣島住了很長一段時間，一直到去世前，因病情加重，而家鄉的醫療條件不好，才轉去了東京。1943年，五十一歲的倉田百三逝世，葬在了東京多摩陵園。

倉田百三最初吸引我關注的，是其筆下描寫的歷史人物親鸞。1994年，我曾將親鸞弟子整理其語錄形成的《嘆異抄》翻譯成中文，說起來與這位名僧也算有些淵源，當時還請了中國佛教協會的會長趙朴初大師題字，對此深感榮幸，至今不忘。

在我看來，《出家及其弟子》的故事是《嘆異抄》中部分文字的影射，講述的就是一位僧人如何面對俗世，描寫了凡人的愛與信念。他的句式有一種獨特的文體，類似西方歌劇，顯得絢麗而高雅。其中有一段獨白我記得特別清楚，是這樣寫的：「青年啊，憑你一顆年輕的心活下去，你別無選擇，面對命運振作你的青春吧，一個沒有純粹青春的人是不會有他真正的老年。」類似於這種大段獨白，在當時的日本文學中並不多見。從這部劇作中，能感受到倉田百三始終處於多種宗教思想的迷茫之中，由此形成其獨特的文風。

廣島縣莊原市有一座倉田百三文學紀念館，紀念館是由一批老人定期維護。我跟他們挺熟，同時也從他們那裏瞭解了很多當地流傳的倉田百三的故事。這是只有你到了這塊土地上才能感知到的，而吸引你前往的並不是一份旅遊指南或宣傳短片，而是你發自內心地想要瞭解這個地方，或這塊土地上的某個人。

　　雖然這部《出家及其弟子》在日本本土發行有幾千萬冊了，但到了今天，日本的年輕人中瞭解倉田百三的已不多，更別說是中國的讀者了。對我個人來說，每一次去他的故鄉廣島縣莊原市，都會有新的發現，對他的文學解讀也不斷有着新的變化。

　　最後，想說一說倉田百三曾在近旁住過的上野池。那是一個別有情致之地。池的中間有一座「孤島」，需要划船前往。櫻花盛開時，遠遠望去，就像櫻花開在水中央似的。櫻林旁邊有一座特別精巧的小橋，大致只能供一人通行。在倉田百三住的屋內，隔着紙窗就能望見這番風景。病中的他眺望上野池時，究竟是甚麼心情呢？

　　對於文學作者創作的深入探究，有時往往來自對其身周風景的觀察。對我而言，有關廣島縣的記憶，就是倉田百三與其創作的《出家及其弟子》。

山口縣

三田尻駅
MITAJIRI EKI

車行江巷

山口縣是我去得比較多的地方，至少跟其他都道府縣相比，過去從事遠洋漁業生意，多次往返於山口縣的一些小漁港。後來，作為學者的我，一些田野工作也都集中在了山口縣。

瞭解日本歷史，一個很重要的話題就是明治維新。2018 年正好是日本明治維新 150 周年，日本國內有很多關於明治維新運動的評價，不一而足。日本在明治維新後的發展曾經是亞洲的榜樣，但同時也給後來對亞洲其他國家的侵略埋下了隱患。關於明治維新運動的功與過，學界也多有爭論。當然，這是一個大格局的話題，我們暫且不論，回到山口縣。為甚麼在這篇裏要專門提明治維新呢？那是因為在日本人心中，山口縣是明治維新運動的孕育之地。

就我個人而言，與山口縣也極有淵源。二十多年前，我就寫過一篇文章叫《防府站的落葉》，收錄在我第一本用日語創作的圖書《日本蟲眼紀行》中。「防府」是個地名，就位於山口縣。為甚麼會對這個地方在意呢？這還得從自己的親身經歷說起。當時，我特別喜歡坐列車前往日本各地，尤其是日本鄉間風情讓我感覺很棒。

防府站的車站名是 1962 年誕生的。我第一次去該車站的時候，看到了掛在那兒的說明牌，由此瞭解了車站的歷史，因為喜歡列車，我不由地產生了興趣。看到說明牌上寫着車站是 1962 年建造的，我還有了一絲感慨，因為這是我出生的那一年，也就是說車站的誕生竟然與我個人有了某種聯繫，不得不說是種緣分。

其實，1899 年的時候，防府站就已經存在了，只是當時不叫這個名字。舊車站的名字挺搞怪，叫「三田尻站」，一開始屬山陽鐵道線中的一個站點，後來成了防府站。只是它依然維持着最初的樣子，是一個風格陳舊的老車站。

明治三十二年（1899 年），山口縣到京都這一段線路上開通了日本首列「食堂列車」。列車有餐廳，可以供旅客吃飯，這在當時是很

前衛的。到了 1900 年，日本有了第一輛硬臥列車，往返於山口縣與神戶之間。而到了 1906 年的時候，明治政府已經把全部鐵路國有化了。前文提到的那條山陽鐵道，也被歸入日本國鐵的系統中，直到它徹底解散，變成今天的 Japan Railway，簡稱 JR，即私營電鐵公司。

當然，這是題外話了，回到我自己的經歷。我是在一個秋天到的防府站，獨自一人，完全是一個異鄉客。防府站也算有一些規模，但是它有很多鐵道線都是單軌的。在日本鄉間，列車一般都是沿着海邊開或者往山裏走。當時，我是為了去找一個朋友。二十多年前，我們乘坐列車不像現在這麼方便，拿個「八達通」之類的一拍就行，當時還是需要買票進站的。

記得當時的列車是每間隔半小時或一小時一班，我因為手上沒有零錢，而唯一的鐵道員又正好不在，只好去自動購票機上買票。走到購票機前，我傻眼了，原來這台機器因無法找零錢，拒收萬元日幣。無奈之下，我只好站在原地等待。

沒過多久，鐵道員跑着回來了，抱歉地說着「讓你久等了。」我問他能不能幫我換個零錢，好讓我把票買了。他聽罷，有些尷尬，因為他也沒有零錢。於是，他說：「等一下，我幫你去換錢。」就這樣，他拿着我的錢，一溜兒小跑，跑向附近的一家小商店。小商店孤零零地處在稻田的前面，說是附近，其實距離挺遠。就這麼一會兒工夫，站台裏等待開出的列車「嘩」的一聲就開走了。

我當時就懵了，一個小時就一兩趟的列車，我這一等又得浪費不少時間，心裏就挺急的。這時候，鐵道員滿頭大汗跑回來了，邊跑邊說着：「真的對不起，這個事情實在抱歉！」因為鐵道員一心只想着為乘客換錢，把列車開出這事給忘了。我知道他是出於善意，也不好多說甚麼，只得在原地等待。

站台上只有我一個人在等下一班列車。秋天融融的暖陽灑在身

上，車站周圍種着很多樹，雖不是參天大樹，但樹冠的覆蓋面都挺大的。地上有落葉，很多，嘩啦嘩啦地隨着秋風落在了站台上。

我一個人坐在木椅子上，反正都是閒着，於是就邊曬太陽邊觀察着四周的景物。這時，我發現鐵道員正在用掃把掃落葉，但他掃落葉的狀態很奇怪，並不是拿一個簸箕把落葉裝完，然後扔到垃圾袋裏帶走。他只是拿着掃帚在地面上掃過來又掃過去，不斷重複着這個動作。我望着他，漸漸地，他似乎融入這秋日的暖陽中，畫面特別地和諧。

列車進站了，鐵道員上前來，很內疚地硬要把車票錢塞還給我，連聲表示「這事是我的錯」。

我挺為難，也挺感懷。列車緩緩地駛離了車站，我坐在最後一節車廂回頭望向站台，鐵軌正好呈一個彎道。陽光仍然很暖，灑遍了站台。列車員掃了半天的落葉正在陽光下閃閃發光，站台就像用金箔鋪滿了一樣。

那時我才明白，原來鐵道員掃落葉並不是要把落葉作為垃圾，而是讓它成為被你看到的一個美好的景致，讓每一位乘客坐在列車上回眸看一眼站台時，能夠將這裏的美麗留在記憶中。

這就是我在山口縣防府站所經歷的，今後有機會我還會去那兒。日本的鄉村很有人情味，而且這樣的相遇相知，的確讓人暖心。

德島縣

但凡去過德島縣觀光的人都會知道，那裏每年夏天會有一個跳舞的節日，大部分當地人都會參與。他們排好隊列，組成各式各樣的方陣，從傍晚一直跳到晚上。

　　每年夏天，日本各地都會出現類似的敬神起舞儀式，還有「與妖怪對話」這種不可思議的習俗也被保留至今。因為在醫學不甚發達的年代，夏季容易出現瘟疫，日本人為了祈禱家人健康，生活富足，每年都會在夏天舉辦很多敬神的活動。此外，夏季還會舉行煙火大會，其目的不是為了慶賀，而是為了讓此岸與彼岸相連接，這是一個民間風俗，在日本各地延續至今。

　　德島縣的縣廳所在地是德島市，在這裏每年都會舉行跳阿波舞的儀式。儀式開始前，人們聚焦在好幾條大馬路上，通常十幾人組成「一連」，以「連」為單位排好陣型，隨着鼓樂聲邊走邊跳。馬路的兩旁還有臨時搭起來的座位，全是付費的。我曾經帶學生去當地研修，讓他們也加入了跳舞者的陣營，與當地人一起。

　　看着行進中的舞陣，我不禁產生疑問：阿波舞到底是從哪裏傳過來的呢？無論是舞姿，還是舞蹈中那種張揚的氣勢，究竟脫胎於何處？為此，我做過一些研究。非常意外地發現，如果追根溯源的話，阿波舞其實是從島根縣的出雲神社傳承下來的。

　　出雲神社，在日本眾多神社中有着相當高的地位。據說在室町幕府時代（1336-1573 年）當地有一位鐵匠，他有一個特別可愛的女兒，父親覺得她可愛，就把她裝扮成巫女。這個女孩到了八歲的時候，突然會翩翩起舞，舞姿婀娜，周圍的人看到無不驚嘆。

　　這個小女孩名叫「阿國」，日語喚作「おくに」，一直到三十多歲的時候她還是以跳舞維生。由於她所展現的優美舞姿，後人將這一表演藝術稱之為「歌舞伎」，在其傳承與發展中，人們尊稱阿國為「師母」。

　　當然，歌舞伎中所謂的「舞」，展現的是一個似近非近，似遠非

遠的舞台，留給人們很大的想像空間。眼前彷彿出現這樣的畫面——夜半、濃妝、茶香滿堂。暖色的光線，把阿國的舞姿襯得猶如水波般蕩漾，再加上三味線的琴弦聲，漂浮、虛幻，似陣陣悲風，時而如珠落玉盤，時而又恍若流水不斷。在場的看客們每每如醉如痴，迷離的舞步彷彿讓周圍的空氣都跟着搖曳起來。

據說，阿國三十歲時遷居去了京都。京都有一個有名的地方叫「四條河原町」，在此，她開始整場表演歌舞伎。這類表演，為日本造就了一個新的藝術表現形態，形成了一種新的文化。

歌舞伎是在日本土生土長的，其特點就是給人以細碎的感覺，舞者的舞步，乃至她身上穿著的和服，都有着一種輕柔細碎之美。舞姿講究肩膀與腳步的搭配，以及手腕與肩膀、腳踝與膝蓋的搭配。歌舞伎的舞姿都是有講究的，舞者必須經過特殊的訓練，才能在舞台上展現那種機械似的輕緩移動的感覺。

話說回來，為何說阿波舞與島根縣的「阿國師母」有關係呢？據相關史料記載，阿國遷居京都應該是在江戶時代。她到了京都以後曾帶一批人去過德島，然後還親自傳授了一些舞姿。據說德島縣的阿波舞就是當年阿國帶人去那裏跟當地人溝通後留存下來的舞姿，一直延續到現在。這一段故事在很多的史料中都可以查到，但想來被後人加以演繹的成分也居多。不過不管它是真是假，你只要看一場歌舞伎的表演，同時也去德島市親眼目睹一回阿波舞的儀式——兩者之間是否有共通之處，一定會找到你自己認可的答案。

我在德島縣參加阿波舞儀式的時候，發現年輕女子在跳阿波舞時排列得整整齊齊，全都是半蹲的狀態，然後兩腿劈開，上身的臂膀展示力量，十指向天，嗨聲高昂。看到她們的動作，腦中總是會出現歌舞伎的舞姿，交錯閃現。

如果你正好趕在八月的夏天、一年最熱的時節去德島縣，那麼那裏的阿波舞，你一定不要錯過。

香川縣

打開日本的地圖，你很容易發現日本版圖上有一個地方叫四國，它實際上是一個島。在四國地區有四個縣，分別是香川縣、德島縣、愛媛縣，以及高知縣。我去香川縣唯一的目的是要去看一下四國的八十八所寺院。

所謂四國的八十八所寺院，實際上是一個固定名詞，在日語中叫做「四國八十八所」，據說，這是從空海大師時流傳下來的。空海是一位非常有名的和尚，活躍於 1200 年前，日本人更喜歡叫他「弘法大師」，與他有淵源的寺院在四國這個地區總共有八十八所，因此，日本人把這些寺院當成了「靈場」。不過，八十八所寺院並不是空海在世的時候設立的，而是在他過世以後，他的很多弟子不斷前往，將這些寺院奉為空海大師足跡所至之處。這些寺院創建的年代也並不僅限於空海大師身處的平安時代（794-1192 年），他當時還很年輕，作為一個修行者，的確去過很多寺院，但並不是八十八所；因此，所謂的「四國八十八所」並非由此得名。

日語中有一個說法叫「四國遍路」，其意思是，但凡是你走過的這些路皆是靈魂照耀之所在，這些也是能夠實現你所思所想，反映你內心祈願的地方。即使到了近世，依然成為人們心靈的追想之處。明治以後，「四國八十八所」漸漸成為著名的觀光景點。

其實，要想全部走完這八十八所寺院，並非一定要按照從頭至尾的順序來，你可以根據自己觀光的路線，甚至依據天氣、心情，在人生不同年齡段前往一次也就可以了。這更有一種旅途中「一期一會」的感覺。

為甚麼聊香川縣先要提「四國八十八所」？因為這八十八所寺院中有二十多所是在香川縣的地域範圍內的，面積最大的應該是第七十五所寺院善通寺。

在香川縣還有一所寺院，所在的地點很偏僻，規模也比較小，名叫鄉照寺，這個地方挺神奇的。寺院的周圍有幼兒園，還有一塊墓地，好像是將此岸的居所與彼岸的寺院連接了起來。據僧侶所說，在香川縣

的小寺院大多是這種格局。有時，住在附近的兒童們會在墓地裏玩捉迷藏，迷路了就在周圍轉來轉去，好像是在兩個世界裏遊走穿梭。

其實，每到一個寺院，燒香、誦經，還有寫經，都有一整套的流程。要瞭解這些並不難，如果你是第一次到該寺，那麼請你觀察一下寺院四周，一定會在某一個地方看到一塊木板，下面還會有個小木箱，裏面放置着一些指南手冊之類的，供遊客取用。你只要拿來一看就明白了，有些指南手冊上還會以漫畫的方式來介紹，很是有趣。

大致也就是如此：當你走進寺門，首先要行禮鞠躬，然後到「手水舍」去洗一下手，再敲一下鐘，聽到鐘聲之後輕聲低語：「好，我們來了。」在所有這些流程結束後，寺院的正殿裏亮起燈，點燃香火。然後就是奉錢，和中國不太一樣，我們稱「功德箱」，可日本人卻稱之為「賽錢箱」，這種形式稱「賽錢奉納」。從中文的字面來理解，似乎是比誰給的錢多的意思。奉納結束後，還要把經書的文字抄寫下來，日本人稱之為「寫經」，寫好以後，放在佛壇前面。佛壇前面一一擺放着的，有進香的信徒們抄寫的經文，有臨帖抄寫的《般若心經》，還有一些手抄的本尊真言、大師寶號，等等。這些都是「寫經」的成品，一律由寺院保存。

如果你走完了「四國八十八所」的全部寺院，就會得到一個「結願證」。據聞，當一個人在其一生中走完全部的八十八所寺院，整個過程也是一種修行，修行結束後自然得以結願，這個願望是只屬你的，也是可以實現的。如果你願意再多付一點錢的話，可以把寺院給的「結願證」裝飾得漂漂亮亮的帶走。

當然，對今天的日本來說，「四國八十八所」已經成了一個觀光項目，很多的外來遊客也僅將其視作一個個景點，前往遊覽。

在香川縣的二十幾所寺院中，我印象最深刻的就是前文提到的鄉照寺了。去多了所謂的大寺後，就特別想去這種小寺院，想看看兩者之間的對比。尤其是當我們在嘗試着瞭解不熟悉的文化時，找到事物的兩極，將其合二為一，極有可能會從中探尋到自己過去沒有意識到的文化形態。

愛媛縣

我去愛媛縣實際上是帶着一個課題去的，也是我在做日本文化研究的田野工作中的一環。愛媛縣是 1994 年諾貝爾文學獎獲得者大江健三郎先生的故鄉，他是日本歷史上第二個獲得這個獎項的人，第一個就是川端康成。作為大江先生的出生地，今天你到了愛媛縣，依然可以看到他誕生的那幢舊房子、那條老街，還有他當時就讀的高中，現在也還都在。

我個人很喜歡日本的文學，而且這種喜歡總是讓我想要超越閱讀。因為在我看來，對一個文學作品只有通過兩個途徑來瞭解：一是閱讀它的內容，瞭解作品本身；二是瞭解作者的經歷。這兩者結合在一起，文學所呈現的那種景象才更為真實。

在 2002 年的時候，我曾經策劃過中國作家莫言和日本作家大江健三郎之間的一場對話，叫做《越境文學的一場對話》。十多年過去了，如今回憶當時的一些情景，仍覺得很有意義。我去愛媛縣就是為了此事。

大江先生也走訪過莫言先生的老家山東高密，當時我們去的時候還是高密縣，現在應該變成高密市了。因為我全程給他們兩位做翻譯，所以他們之間的對話我至今印象深刻，也留下了很多讓我思考的地方。

其中就有這麼一件事。莫言先生的老家在高密縣大欄鄉，到了那裏，大江先生對莫言說，自己的老家叫大瀨村，這個「瀨」在日語裏就是水邊的意思。大江健三郎出生於愛媛縣喜多郡內子町。內子町是現在的叫法，過去就叫大瀨村。它位於一座山中，中間有溪水流過，四周則群山環繞，因此是看不到那種一望無際的平原的。那一天，莫言帶着大江健三郎在高密的田間散步，當站在一個田埂上看着一望無際的平原時，大江先生眼圈泛紅了，他說自己從小就住在水邊的村子中，從來沒有見過這麼遼闊的景色。

那個時候，大瀨村的地理空間並不是很大，所以有很多風俗儀式都在河邊舉行。大江先生說他小時候特別喜歡看書，為此他還在居所附近的一棵樹上，用木板做了一個小房子，有事沒事就鑽到那樹上去，在那小房子裏看書，覺得特別幸福。因為他小時候身體並不是特別強壯，高中時期還遭到了欺凌，然後被迫轉到了另一所高中。他喜歡寫作也源於這一契機 —— 即在現實的世界裏他是被欺凌的，但在虛構的世界裏，他很可能是一位君主，或者是一個強壯彪悍的人。他在這一想像的激發下開始寫小說；高中的時候，又讀了大量的日本文學作品，參加了文藝俱樂部；隨後開始自己編雜誌、寫評論，包括寫些詩之類的，都是挺有意義的事。後來，他到東京深造，學習法文和法國文學，接受了當時「存在主義」的思潮，包括薩特那種以世界眼光關注人類發展的思想一直影響着他，他的寫作風格就是這樣薰陶出來的。

說到愛媛縣，我記得 2002 年那次跟大江先生一起走訪莫言先生老家時，他講得特別多，後來他自己都承認，如此回憶自己的故鄉，在日本時都不常有。其中一個原因我想莫過於是他站在田埂上看到一望無際的平原，以及那地平線的時候，所產生的感慨。愛媛縣這個地方山多，河流多，當然綠樹也非常多。這些景觀對於作家，尤其像大江健三郎這樣的作家來說，無論從感官上，還是視覺上，都帶來了很多的滋養。

正如大江先生自己所說的，一個作家可以把自己的少年和成年時光用文學作品銜接起來，就像一座橋，這座橋它有的時候可能長一些，有的時候則會短一些。無論怎樣，一個人始終都不會忘記自己是從哪個地方來的，他的故鄉在哪裏！在愛媛縣一直待到了高中畢業，大概是十八九歲的時候，大江先生考上了東京大學。先去讀的預科，他離家出發的時候，母親給他精心準備了一些乾糧，他是坐夜車離開的。上完預科，順利考上東大。他還曾說起，自己參加高考的時候忘

了帶鉛筆、橡皮擦，一位考官特別照顧他，隨即就拿出自己的給他用。這些細節他始終記得很清楚。

　　大江先生說過，一個人離開故鄉的記憶是很漫長的，也很難忘懷。過去發生的一些事，包括以前沒有想起的一些事，都會變得非常清晰。愛媛縣之於日本來說，只是 47 個都道府縣之一，但是在那塊土地上卻孕育出了像大江健三郎這樣的諾貝爾文學獎作家。我想它不是一個偶然的事情，就像前文講到的新潟縣，為甚麼川端康成的《雪國》可以在那裏誕生，這個和作家所處的那種環境，以及他的創作與表述都是有關聯的。

　　前面也說了，我去愛媛縣是為了大江先生與莫言先生的對話，作為翻譯提前去作準備的。因為帶着「從文學出發瞭解文學」的這種田野式的眼光去那兒的，所以可能和一般的觀光客不太一樣。去了大江先生的老家，那個叫大瀨村的地方，確實給人一種「水汪汪」的感覺。總是能聽到水流的聲音。這個地方 —— 無論看上去，還是聽上去，都像是一個文學的世界。

高知縣

對高知縣的瞭解愈來愈多，主要是由於我的很多學生都來自當地，其中還包括中國學生。高知縣有一所挺出名的中學，叫明德義塾，這所中學招收了許多外國留學生。此外，學校善於培養相撲運動員，有好幾位「橫綱級」的蒙古選手都出自這所中學。跟學生們聊天，有時會談及他們在高知縣的生活，我聽起來也覺得挺有意思的。

過去遊歷的時候也去過高知縣，給我的感覺是農家很多，山林河流大概佔整個高知縣地域面積的百分之九十以上。放眼望去，鬱鬱葱葱，尤其是夏天，田埂所呈現出來的曲線，都成了讓人心靜的風景。當地有一些農作物很有名，比如茄子、青椒，還有馬鈴薯，做中國的「地三鮮」最合適了。我的日本學生告訴我，高知縣的人特別能喝酒，後來一查資料才知道，還真是這樣，很多數字都表明，日本辦各式酒席，就數高知縣次數最多。

從人口密度的比例來說，高知縣是全日本喝咖啡、喝茶的「吃茶店」數量最多的地方。從地理方位來看，高知縣則地處偏遠。歷史上，尤其是從平安時代開始，這塊地方曾作為流放地，有點像新潟縣的佐渡島。佐渡島從日本的版圖上來看也很偏遠，經歷平安時代、鐮倉時代，直到近代的江戶時代，那個地方都是流放地。飛鳥時代（593-710年），高知縣曾經歷多次戰爭。此外，從古墳時代（250-538年）到飛鳥時代名人輩出的蘇我氏一族，以及明治維新時期赫赫有名的人物阪本龍馬，都與高知地區頗有淵源。

從地理位置上來看，高知縣的確地處偏遠；但正因如此，使得高知地區與政權中心有着一定的距離，造就了當地淳樸、包容的民風。在古代日本，這塊地方曾被叫做「土佐國」。依據史書所言，「土佐」一詞，來自日本的神話傳說，以「土佐國建依別」稱之，意為英勇男子漢的國度。從這一點上也可以看出高知這個地方的人文特徵。以地緣政治學的理論來分析，人的思維、性格，很可能受周圍的地理環境影響，是一個被「地緣」塑造的過程。高知縣的人都比較豪放，前文

也說了他們特別能喝酒，而這些可能就是造就了阪本龍馬這樣的人物的地緣條件。關於他的故事，相信很多人都已從歷史書籍或者動漫作品中瞭解到了。

高知縣所處的地域還有一點要提一提，這個地方一年的日照時間據說在 2000 小時以上，位列日本第一。不過，高知縣每年颱風發生的次數也很多，僅次於鹿兒島縣，是日本第二大迎颱風之地。由於山林河流佔地極廣，因此當地的河道都挺寬，最有名的叫「四萬十川」，其他還有「仁淀川」和「吉野川」等，都屬大河。

從我的日本學生那裏瞭解到，現在的高知縣雖然仍被稱作「いなか」（即鄉下之意），但是滿目的綠色很是養眼，當地人也十分熱情。有的學生畢業後去東京工作，但沒過多久，就開始吐槽 —— 東京人不會像高知人那麼熱情，問個路都愛答不理，而在高知縣就不同了。我個人對日本城鄉間人文差別的認知可能正是源於學生告訴我的這些直觀感受。

很多年前，有一位日本學生從我班上畢業，送別會上我請他吃了中國東北菜「地三鮮」，結果讓他感動不已，居然放棄了內定的大企業工作機會，決心回老家高知縣。當時我問他為甚麼？他說他家裏是種茄子的，祖祖輩輩一直都幹這個，但吃到這麼香的茄子還是頭一次，也因此感受到祖輩們所幹的這份職業的可貴。有一天我收到了他寄來的郵包，打開一看，裏面是他自己種的茄子，附上一張卡片，上面寫着：祝恩師獲獎，專此送上秋天的茄子，我種的茄子秋天最好吃。順頌，大吉。

這是我獲得 2017 年神戶市文化大獎時的事情，心裏一直挺感激的。

福岡縣

第一次去福岡縣是二十多年前的事了，後來我定居日本，做生意、寫作、遊歷，包括如今在大學執教，做一些社會文化的田野研究，每年都會去福岡縣。想要瞭解福岡，可以先從人口數據聊起。

全日本按照城市人口來測算的話，毋庸置疑，人口最多的肯定是東京，應該有 1300 萬人左右；第二個是神奈川縣，900 多萬人口；然後就是關西的大阪府，880 萬人左右。以上三縣是日本很重要的經濟體。接下來就是愛知縣，該縣是豐田汽車的誕生地，那兒有一座城市就叫豐田市，市內所有的大小工廠基本上都是為豐田汽車製造配件或者提供其他服務的。愛知縣再往下的人口排列分別是埼玉縣、千葉縣、兵庫縣與北海道。

福岡縣以人口而論在全日本排名第九，約 500 萬人，行政上屬九州地區，並不位於日本三大都市圈內。所以，在我的想像中，一開始並沒有料到福岡有如此規模，實地去了後，才發現原來福岡挺「大」的 —— 即人比較少，田野比較寬闊，離亞洲其他國家距離很近，無論離韓國還是中國都很近。因此，福岡縣的城市宣傳語中，總稱該縣是「日本通向亞洲的窗口」。

福岡縣是全日本第一的士多啤梨產銷地，單價也是最貴的，這個價格常年居高不變；此外，當地的竹筍產量也位列全日本第一。福岡縣還有一項非常有名的產業就是木材加工，全日本生產箱子和櫃子最多的地方莫過於福岡，尤其是桐木傢具，更是遠近聞名，其他還有檀香木、白松和杉木的木材加工也非常有名。

除了傢具製造，在福岡縣還有一項特殊的木材加工工藝，就是用不同的木料精製成音箱的外殼，據聞全世界一半以上的木質音箱殼是從福岡縣銷出的，常為業界所讚譽。實際上，製造業還有一個絕活，即鞋底生產，這也是福岡縣產銷力旺盛的產品之一。因為製造業的發達，也帶動了當地的運輸和貿易產業同步發展。

福岡縣的縣廳所在地是博多市，博多市一年大約有 1600 萬人次

的國外遊客，從日本整體的旅遊市場來看，這個數字佔了三成的份額。每年都有大量的客輪，甚至大型豪華郵輪停靠博多港。我有很多中國的朋友都是坐郵輪出國，先到濟州島，然後再到博多港，郵輪旅遊之於福岡縣，其活躍程度也是日本第一位的。

從人口數量到製造業，再到旅遊行業，從這幾個方面可以讓我們看到福岡縣的體量規模。除了上面所說的，還有一個鐵路運輸體量，福岡縣也是位居日本前列。因為有博多這樣的港口城市，除了帶動旅遊業，還帶動了貨運貿易，提升了進出口業的產量，其中輪胎生產的出口量福岡縣也是日本居首的。

現在流行用大數據來衡量一個城市經濟與文化的發展程度，其實不無道理。試舉以下幾例，全日本每十萬人的區域內約有兩家電影院，可是在福岡縣每十萬人的區域內約有四至六家電影院，比其他地方要多；還有，在日本叫一輛救護車所需的平均時間是 39 分鐘，但是在福岡縣可以達到 30 分鐘左右。這些數據也是從另一角度反映出福岡縣的城市發展。

除了從大數據上瞭解福岡，我還有一些當地的日本朋友，他們的性格給我印象最深的莫過於直率，有時候比較「烈」，有時候也比較「軸」。日語有一句話叫「九州男兒」，專門指這種外表冷酷、寡言少語，但是心很「熱」的男人。

日本已故著名的電影明星高倉健就是一個典型的「九州男兒」。今天在日本，「九州男兒」已經變成了一個文化符號，無論是在日本的小說裏，還是在電影或者舞台表演中，都會出現這類形象。

福岡縣對中國遊客來說，相較其他日本城市來得更近，要是從青島飛福岡的話，那就更近了。作為「日本通向亞洲的窗口」，從距離上來說完全相符。它是一個離亞洲其他國家最近，與其他國家文化交流頻繁的地方，文化的親和度相較其他城市也更高。縣廳所在地博多市是一個大都會，值得去看一看的。

佐賀縣

佐賀縣有一個地方叫伊萬里，這個地方盛產牛肉。由於我在神戶市住過一段時間，提起牛肉，不由得就會聯想到為人所津津樂道的神戶牛。

不過，佐賀縣伊萬里的牛肉吃法與神戶的不同，當地有一種名吃叫「牛腸火鍋」。據說，這是大陸的「渡來人」傳到九州地區的，主要原材料就是牛腸、大蒜、韭菜和白菜。這種吃法按照我們中國人的飲食習慣，其實並不常見。當然，日本人所謂的「渡來人」，並不只指中國人，大部分是指被唐朝滅亡的百濟移民，從今天的地理版圖看，是指從朝鮮半島那邊過來的人。牛腸火鍋就是這些人帶到日本去的。

佐賀縣有很多牧場，如果你開車前往，一路上隨處可以看到牧場特有的風景，而且，那些牧場中的牛看上去都十分活躍。

我當時去佐賀縣就是自己開車去的，沿着一條條山路向前開，望着車窗外的風景，經常讓我想起北海道的丘陵地帶，那些起伏的群山線條給人以溫柔的感覺，毫無陡峭的緊迫感。可以說，佐賀縣的風景基本上是與「陡峭」一詞無緣了。

話題轉回來，還是說說日本人吃肉的那點事。其實日本古代的時候，至少在明治維新之前，普通日本人基本上是以食魚蝦為主的，還有就是素食，只有少數的貴族才能吃肉。他們吃的主要就是牛肉和雞肉，想吃豬肉，卻也讓人犯愁：豬到哪兒去找呢？當時日本還沒有開始大規模地飼養家豬，很多日本人就只能跑到深山裏去獵野豬。

誰都知道，野豬並不是好獵的，你要惹了野豬，牠就會衝着你玩命。野豬在向人襲擊的時候，是充滿了憤怒的；這讓很多人覺得吃豬肉是要冒着生命的危險，不禁退縮了。這種狀況一直到明治維新以後，日本人在飲食習慣上學習西方，並從歐洲引進家豬開始大規模飼養，才得以改善。飼養家豬之後，日本人又對豬肉的烹飪方法作了改進，這才慢慢地讓吃豬肉成為一種習慣並流傳開來。

記得那一天我在伊萬里吃烤肉，用一種日語稱作「鉄板焼き」的做法。食客的面前有一塊很大的金屬板，在板上烹飪各種各樣的烤肉，眾人圍着金屬板，熱氣騰騰。日式的這種鐵板燒，基本上都配有蔬菜和佐

料，把它們放在一個盤子裏，擺在客人面前，中間還有各式調味料，如大蒜、牛油等，一一擺開。蔬菜包括椰菜花、南瓜、馬鈴薯和茄子等，看上去令人胃口大開。其中最絕的是廚師把蝦在烹飪的鐵板上擺成「工」字形，迅速地在蝦的背上劃一刀，借助鐵板的熱量，一瞬間蝦就會在食客面前「站立」起來。

當然，我剛才說的是整套的「鉄板焼き」吃法，主菜還是牛肉，蝦只是作為一種配菜而已。吃完前菜，主角登場了。牛肉擺在面前，紅白相間略帶晶瑩的感覺，看上去就像肉的表面鋪了一層霜似的。廚師會站在食客的面前，在熱鐵板上放上大塊的牛肉，持刀在肉上劃得飛快，幾下就將一塊牛肉料理好了。此時，烹飪表演到了最精彩的部分，只見廚師大喊一聲，同時往牛肉上噴灑一種酒。後來，廚師告訴我：「有的時候用白蘭地，有的時候用葡萄酒或是其他酒。」烤肉的鐵板上一下子升起了一團火，像是噴湧而出似的。這也許就是日本鐵板燒最令人難忘的場面吧！

說起日本的牛肉 —— 當然我剛才說的是佐賀的牛肉，可以和神戶牛肉齊名 —— 我曾經去北海道遊歷，就在那裏，有機會近距離地觀察日本的牧場。我甚至看到那些牛邊聽音樂，邊喝啤酒，聽的居然是莫札特的曲子。到了冬天，飼養員還會給牛穿上「衣服」—— 用布把牛的身體部分包裹起來。有的飼養員還去給牛做按摩。按摩時只能從腿部往上，不能從上面往下按。自下而上按摩是為了讓牛肉中的肥肉比例適中，同時將有害物質排出牛體，讓牛的精神放鬆。據說這樣按摩還可以讓牛肉裏的酸性成分減少。「穿衣服」是為了給牛的身體保溫，讓其安心長肉，節省體力，用不着以自身去抵禦寒冷。

然而，為牛的身體保溫，給牛按摩，做這些也是講究程序和方法的，這些無疑源於明治維新以後家畜產業的興起與發展，飼養豬與牛的人也愈來愈多，加之日本人在飲食中加入的一些創新吃法，使得豬肉與牛肉在葷食群體中漸漸擔當起了主角。

總之，在我遊走的日本各地，除了神戶牛肉之外，佐賀的牛肉是最好吃的。特別推薦伊萬里那兒的「鉄板焼き」吃法，堪稱一絕。

長崎縣

這本書講的是日本 47 個都道府縣，大多是一些至今難忘的直觀感受以及自己過去所經歷的。到這一篇已經說了四十多個城市，歷史事件或歷史上的人物回顧了不少，而今天要談到的，是一位與我同時代的人物，他與我個人的經歷也有着某種聯繫。說到長崎縣，我腦中自然就會浮現他的身影。

他叫佐田雅志，是一位原創型的歌手。年輕時我見過他在舞台上唱歌時的那種狀態，滿台生輝，令人難忘。聽聞他家學淵源，是學古典音樂出身的，幼年時就開始學拉小提琴，算是科班出生的音樂人。

我在北京大學唸書的時候，他曾到北京舉辦過個人演唱會，當時算是前衛文化了。記得那年我是大一，還不怎麼會說日語，因為某個契機，我居然被招待去看他的演唱會。

演唱會在北京展覽館的音樂堂舉行，正好在被我們北大學生戲稱為「老莫」的莫斯科餐廳旁邊，屬北京的一個地標建築。當年，國內的年輕人很少有機會看到結他彈唱的表演，我們一幫人幾乎都是第一次接觸這樣的音樂表演，當時受到的震撼真挺大的。

佐田雅志是日本一位著名的歌手，他出身長崎縣，寫過很多膾炙人口的歌，他曾為一代人心目中的女神山口百惠寫過一首歌叫《秋櫻》，經久傳唱，成為經典，歌詞描寫了女兒在出嫁前對母親的情懷；另一首由他創作的《立風獅》，講的則是迎風站立的獅子的雄姿，據聞這首歌他是獻給一位日籍醫生的，這位醫生常年在非洲跟疾病做鬥爭，救活了不少當地的孩子，後來這首歌的歌詞還被寫進了電影劇本裏。總之，佐田雅志是個人物，我就是聽了他的歌，對長崎這座城市產生興趣的。

佐田雅志還有一首歌叫《無緣阪》，這個「阪」，日語念作「さか」，指的是坡路，而這裏的「無緣」並不是中文語義中的「沒有緣分」，而是指沒有名字、不知道來源的意思。例如日本有很多「無緣

墓」，表示這些墓不知道葬的是甚麼人。佐田雅志寫這首《無緣阪》主要是為了抒發對母親的感懷，歌詞尤為感人，上網搜索應該還能聽到。

與佐田雅志音樂之間的這種觸電，可能是激發我學日語的一個很大動力。他的歌很好聽，也容易唱，歌詞幾乎都是大白話，簡單卻意味深長。受到他的影響，我自己也曾學過結他彈唱，還收集了他全部的歌曲樂譜，一直到現在，依然不時地拿出來翻一翻，甚覺值得回憶。

除了創作，佐田雅志同時還熱衷於慈善事業，總是身體力行。記得 2016 年熊本縣發生地震，佐田買了一千個長崎蛋糕——這種蛋糕不止在長崎，在日本，甚至在全世界都相當有名，它還有另外一個名字就是 Castella——慰問地震的傷亡人員。一千個蛋糕，總重約 240 公斤，他帶着裝有蛋糕的行李乘飛機去熊本縣，初衷是想親手將一個個蛋糕送到無家可歸的災民手中。到達機場辦理登機手續時，櫃檯的工作人員問：「這是救災物品嗎？」他說是的，隨後機場的人員告訴他，現階段所有救災物品都不用交付行李超重費。佐田雅志聽了很感慨，後來他在提到此事時曾表示：當時，立刻覺得在這個世界上，關懷弱勢群體的並不是只有自己一個。整個社會都在關懷那些正在受災的人們。我是通過 NHK 的報道知道這件事的，在我看來，當今的日本歌壇，能像佐田雅志這樣站在比較高的視野，又能有普眾情懷的歌手，並不多見。

據聞佐田年輕的時候非常喜歡中國，他曾經拍攝過一部紀錄影片叫《長江》，為此還曾負債，但這樣的事並不能簡單用金錢來衡量，這是我在看到這則新聞報道時首先想到的。

說起來也很有意思，我對日本的印象，可能是因為某個景點，某篇小說，也可能是因為某一人物或與其所在城市發生關聯的所思所

想。我覺得通過這樣一種多維視角觀看日本的每一個普通場景，可能收穫更多，不失為一種更有效的方法。瞭解一座城市，我們每個人都會選擇適合自己的方式，大部分人可能是緣於閱讀了一本相關書籍，可能是人物傳記，或者是小說；但還有一些人選擇用自己的雙腳去探尋結果，走到那片風景中去；而我對於長崎的瞭解，則是通過一個現實中的人物，想要瞭解他，進而想要瞭解他成長的那座城市，這不失為一種瞭解某地的途徑。

時至今日，我還會常聽佐田雅志 —— 一位來自於長崎，同時也是代表現代日本歌壇的着名歌手 —— 的歌曲。如果有機會的話，大家也可以去聽一下。

熊本縣

本渡

我在熊本縣旅行的時候，有過一段小插曲。說起來這也是很多年以前的事情了，那時到熊本需要先從神戶坐船，直接把車開到船上，到了北九州的門司港，下船後就一直以車代步，開車遊走的節奏與感覺都十分愜意。我此行的目的是為了遊歷，從門司港開車前往熊本縣大約有 180 公里的路程，然後再上一艘擺渡，到一個叫「天草」的島上。天空與草地，光從地名看就能想像是一個很美的地方。

　　天草島的港口叫「本渡港」。記得是在一條小河的旁邊，正好和兩個天草島的女高中生迎面相遇。我當時已經把車停到了旅館，手上只拿着一台相機，一看就是個外來的旅行者。果然，她們很主動地問我：「是旅行者嗎？」我回答：「是的！」然後告訴她們我是剛坐船從神戶來的，開車開了很長一段路才到此地。她們當即向我致意：「辛苦了！」

　　我仔細一看，發現女高中生們穿的校服外都掛着一個牌子，上面的文字表明了她們的身份：志願者，觀光案內。所謂「觀光案內」，就是我們所說的導遊之類的。我馬上說：「原來都是高中生啊！」「是的！」她們回答得響亮，隨即露出了笑臉。

　　按照我的經驗，日本高中生中專門為旅行者做志願導遊的好像並不多。當下覺得奇怪，於是問她們：「你們怎麼能看出來我是外來的呢？即使我是個旅行者，怎麼能從外表上看出來不是本地的呢？」

　　她們聽我這麼問，好像也有點吃驚，但很快，個頭稍矮的那個女生說：「你拿着照相機；還有，看甚麼好像都挺好奇的樣子。所以我們覺得你是個外來的旅行者。」

　　這回答聽起來很簡單，我這個剛到當地的陌生人，對她們的猜測表示出小小的好奇。而正是因為這些微的好奇心，開始了我與當地人的對話。我們遊走一個地方，想要瞭解一個地方，除了可以用眼睛，用耳朵，其實還可以用嘴巴，這會讓我們的旅途變得更加豐富。我很

慶幸能有這麼一個契機，遇見這兩個當地的高中生嚮導。

說起「天草」這個地名，會讓我一下子聯想到北海道；因為北海道有一個島叫做「天賣」島，與天草只有一字之差。島民都是從事漁業，整個島上不足二百戶人家。據說，天賣島的名字是取自於阿伊努族；那麼，「天草」的地名是怎麼來的呢？

我問了那兩位高中生，她們告訴我在舊志《古事紀》裏有所記載，當時稱男島和女島，就是現在天草地區的上島和下島，上為男，下為女。傳說，原本男、女二島並沒有分開，是纏繞在一起的。後來，經過海水的漲落，日積月累，慢慢地變成了兩個島。天草的「天」字實際上意指「天之子孫」。她們中的一位女生跟我這麼說，而且還用手指着大海的方向讓我往前看。那天，我記得天色挺陰沉的，灰濛濛的也看不出甚麼名堂。儘管我依然沒搞清「天草」之名取自何處，但卻很感激這兩位女孩的熱心解釋。在旅途中能遇到這種非常細心、熱心的嚮導，對於旅行者來說，絕對是再高興不過的事情了。

在大城市中，類似於我前文所描述的那類風景未必常見，但日本的鄉村地區給我的感覺比大都市要有情調得多。後來，基於這段經歷，我還用日語寫過一篇文章就叫《天草少女》。在遊走日本各地後，我想特別強調一點，隨着在大都市生活得愈來愈久，想去鄉下居住的這一願望卻愈加強烈。或許大家也有與我一樣的感受吧！

我在天草住了兩夜，到住處的周圍都去看了看。後來，大概三四年以前因為另外一次遊歷，又去過一趟天草。不過，這回是坐飛機去的，是那種小型的螺旋槳式的飛機，從福岡的空港直接飛去，又是一番不同的體驗。

我一直到今天還在想，當年在天草碰到的高中生，她們現在可能已經做了母親，也可能已離開日本，移居到了其他國家。人們都說「旅行就是一期一會」，所以與高中生相遇的這一段旅程將永遠在我

記憶中留存下來。即使到了今天，如果有人跟我說到熊本縣天草這個地方，我還會想起那兩名高中生，她們是如何熱情地對待過一位外來的旅行者。

對中國人來說，有關熊本縣比較有名的風物可能就是「熊本部長くまモン」了，中國也叫「熊本熊」。最近這幾年很受歡迎。應該是2011年的時候，當時的九州開通了新幹線，想要搞一個吉祥物，隨後「熊部長」就誕生了，並從日本國內一直紅到了國外。

對我個人來說，熊本縣最吸引我的可能就是剛才所說的天草地區，因為那一次偶然在旅途中遇到的事與人。總之，當我們到一個地方去旅遊，尤其是到熊本縣這樣的地方，可以完全按照個人的意願、喜好，在旅途中每一段短暫的相遇，都是值得珍惜的人與人之間的相知。

大分縣前後也去過幾回。一方面是為了自己的文學遊歷，常去別府的溫泉老街小住一段時間；另一方面是過去經商時曾經做過木材生意，大分縣的木材加工業還是挺發達的。不過，無論出於興趣，還是因為工作的關係到大分，給我印象最深的就是人與人之間和諧的氣氛，以及由於地勢而帶來的一些奇特感受。

　　所謂「奇特」，是因為大分縣有一處高原地帶，當地人稱之為「飯田高原」。那個地方四季分明，雲雨也隨着季節而變化，且不論當地的居民，至少對旅行者而言，往往能帶來很多元的感受。

　　另外，個人酷愛文學，這也是我常去大分縣遊歷的一個理由。一部作品中各種各樣的情景描述，可能並不是作家自己臆造出來的，而是其在旅行中，或在他定居的某一個地方所獲得的印象，然後抽絲剝繭，形成一個個鮮活的情景。例如川端康成有兩篇小說，一篇叫《千羽鶴》，還有一篇叫《波千鳥》，這兩篇小說實際上寫的地方都是大分縣的飯田高原。而且，日本不止川端康成一位作家將那個地方作為取景地，森鷗外、菊池寬、夏目漱石、國木田獨步、小泉八雲等人都曾在自己的作品中寫過大分縣的風物人情。

　　坐列車到大分縣的時候，車站裏有專門為觀光客提供的旅遊指南和相關資訊，其中有一個條目叫「文學之路」，於我尤其注目。「文學之路」詳細說明了剛才這些作家是如何把這個地區的物與景寫進作品裏的，然後還附了一份簡易導遊圖。

　　為甚麼會有那麼多作家在作品中寫到大分縣？當地的人文資源究竟有多豐厚呢？這其中有其存在的必然性，到一個地方去尋訪當地的民情民俗，從文學的角度去觀察，也許會另有一番收穫。

　　這些年日本政府一直推進觀光政策，歡迎大批外國遊客來日本旅遊，從而帶動消費，形成一定的經濟效應。為此，日本政府讓各個地方政府自主宣傳。其中，由大分縣製作的幾份奇葩廣告引起了人們的

注意。當然，這裏的廣告指的是網播短片以及電視廣告，目的是為了宣傳所在地的觀光景點與資源。

我記得應該是 2015 年的時候，大分縣有一個電視系列廣告，當時一推出就被冠以「奇葩」之名。這個廣告名叫「溫泉芭蕾」，拍攝點是溫泉，取景地就在湯池裏，從中會突然冒出好幾名花樣游泳的女選手。這些女選手都是參加過大賽的，但這次她們跳入的不是游泳池，而是溫泉的湯池，在其中進行各式各樣的表演，活力而陽光。

這對當時日本人的衝擊很大，因為這樣的廣告表達完全不按常理出牌。在常規的認知中，泡溫泉是不許這麼折騰的。你只能安靜地進去，享受泡湯的過程，怎麼會讓一群花樣游泳選手跳進去表演呢？恰恰因為這個反差，引起了日本全社會的關注。

除此之外，大分縣還出了一個絕招，他們策劃將溫泉中心建造成一個遊樂場，並在其中造一個過山車，就像普通遊樂場的過山車一樣。這個創意讓你在體驗過山車的刺激的同時，也能享受泡湯的愜意。試想這樣一幅場景，過山車在溫泉中心裏轉來轉去，裹着浴巾的「遊客」像在遊樂場中那般歡欣。

更有意思的是，最初這個方案是大分縣別府市的市長本人在宣傳短片裏提出的，他表示：「如果我這個廣告的播放量超過百萬，那我就把建造遊樂場的計劃付諸行動，建造一個溫泉的遊樂中心。」結果，在他說了這番話後不到八十個小時，該宣傳短片就突破了一百萬次的瀏覽量。這讓別府的市長很尷尬，事後感嘆道：「看來，甚麼話都不能隨便說啊！」

後來，神奇的遊樂園真的開工了。別府市的市長言出必行，這事真讓他給做成了。過山車的每個座位都是一個箱子，裏面注滿了溫泉水，你可以穿着浴衣走進過山車裏泡湯。

為甚麼大分縣的地方政府要絞盡腦汁想出如此奇葩的宣傳創意呢？這實際上跟大分的地域文化有着直接的關係。

　　大分縣以別府市為代表的溫泉地帶，一貫帶給人一種「暖洋洋」的感覺，就算是冬天，也經常會看到當地人身穿浴衣，踏着木屐在石板路上行走。在當地，人與人之間的這種交流，好像跟身處城市那種鋼筋水泥中的狀態不一樣，有一種很親和的力量。這個在川端康成的小說裏也有所描述。所以，我覺得無論是「溫泉芭蕾」，還是「坐着過山車泡溫泉」，這種奇葩想法可能唯有在大分縣才會誕生。

我對宮崎縣的印象也許一輩子都會停留在一位百年明治老人的相關記憶中。

　　為甚麼稱他為百年明治老人呢？大家知道，明治年號的於1912年終止，如果以此向後推算百年，則是2012年，而正是在這一年，我在宮崎縣遊歷時遇見了那位老人。我與老人的兒子之前就相識，他曾與我在同一個商社共事，離開商社後，我為了寫作前往日本各地遊歷，2012年去了宮崎縣。認識老人也算不上偶然，在我的日本朋友中，他也並不是首位百歲老人。但巧的事，我後來才知道，老人恰是在2012年去世的。從出生的明治末年算起，正好一百歲，可不就是百年明治老人。

　　老人的逝世很突然。那天他兒子給我打電話：「我父親今天去世了，晚上正常時間睡覺，第二天就沒起來，是無痛死亡。他生前還特別讓我轉告毛先生，希望能來參加他的葬禮。」

　　接到電話，我腦子裏一幀幀地回放老人的畫面。說起來，因為與老人的兒子一起共事過，我很早就聽說了老人的故事。二十年前剛開始用日語創作時，我還將其寫進了自己的文章中。老人在宮崎縣開了一家點心店，在我看來，是一位渾身充滿了工匠氣質的人。到現在我都記得，那次在點心品嘗會上，主辦方介紹老人時曾說他是「日本傳統點心工藝界的一位怪傑」。因為老人每天晚上都要抱着包好的麵糰睡覺，聽說是為了用自己的體溫讓麵糰始終保持一定的溫度，這樣和出來的麵糰才能做出最棒的點心。

　　有人這樣說，生者對死者的記憶往往是走向現實的，哪怕生前他的行為多麼荒誕而不可思議，可是當他離開我們時，你會發現他的日常在你的記憶中變得相當細膩。

　　那天，我去參加老人的葬禮。日本的殯葬習俗是在正式舉行葬禮之前，還有一個「通夜」的儀式，就是家人好友為逝者的遺體守靈。

在日本的傳統習俗中，這個儀式對逝者來說非常重要。有條件的人家還會專門到寺院去辦，也有的就在家裏布置靈堂，擺上鮮花，讓逝者回到他最熟悉的地方，再待上一會兒，然後去往彼岸。老人的「通夜」儀式是在離家不遠的一座寺院中舉行的，第二天再進行葬禮。我特意去早了一天，為了最後送一送老人。

只見他躺在棺材裏，穿着做點心時的工作服，白白的，領口處一點褶子都沒有，就像平時工作時的狀態。房間裏泛着淡淡的鬱金香味，我們走近，看見他的面孔從棺材上端的一個窗口露出來，臉上顯然是塗了厚厚的脂粉，但沒有甚麼光澤，像是寺院牆壁上浸透了陽光的灰瓦。

儀式剛開始的時候，大家都沉浸在一片肅穆的氣氛中，我沒有聽見一絲聲響，甚至是眾人的呼吸。後來，人慢慢多了起來，眾人圍着棺材，聊天的聲音也漸漸響了起來。有一位看似父親的男子，甚至還在屋內的一張小桌子上為他的孩子輔導起了功課。

我感覺新奇，這一刻，彷彿生與死的界限被打開了，你完全體會不到它的存在。在這裏，我看到的並不是對逝去之人淚流滿面的悲痛，而是成為了一個日常的生活場景。

此時，我轉頭又看了看老人的臉，他非常安詳，甚至看上去帶着快樂，就像他的靈魂正在與屋內的那些人痛快暢飲一般。彷彿在說：我走了，沒甚麼好興師動眾的。

以後有機會，我還想再寫一寫這位百年明治老人的故事。

鹿兒島縣

我是一個喜歡駕車出行的人，在開車前往日本各都道府縣的路途中，給我印象最深的是前往鹿兒島縣。因所處地域的關係，鹿兒島的氣候溫暖濕潤，綠樹成林，空氣中有一種柔潤的感覺。當你手握方向盤，看着公路兩邊的景色如水一樣流逝，視覺上帶來的「曲線感」，四周充斥着莫名的氣氛，帶給你的體驗，遠比縮在室內或者是在案頭工作時的狀態要好。這種體驗，也只有自己駕車前往時才能感受到。

　　有時，我覺得獨自駕車前往某地，就像是寫詩時的感覺，是一種完全自我的狀態，沉浸在一種空想中。這和帶着一幫朋友去兜風，是完全不一樣的。

　　大家都知道，有個成語叫「筆底生花」，相傳「詩仙」李白小時候曾做過一個怪夢，夢見一支筆的筆尖長出一朵花來，自此才華綻放，名揚天下。就此，我曾有過一個大膽的想像，如果「詩仙」生於當代，讓他也去體驗一下我前文所述的駕車的感受，那種躍動的氛圍以及速度感，也許更能激發他的才華吧！

　　這話題扯得有點遠了，還是回到鹿兒島縣。對喜歡開車出行的人來說，最有意思的事情莫過於一路上可以碰到各式各樣的人 —— 在半路上，或者公路的休息站以及某個加油站中。鹿兒島縣的人們，給我最直觀的感覺就是「溫暖」，哪怕在某個小店中萍水相逢，他們也會向你鞠躬打招呼，這是鹿兒島給我的印象。

　　有一次在鹿兒島，我把車停在了一條公路的休息站，休息站大多建在縣道和國道的邊上，看上去就像一排排的大眾食堂，有食堂和小賣舖，還有幼兒遊樂場等設施。

　　我停好車，走進一家食堂，很想吃一碗清湯麵。幾乎是同時，一位中年男子也走了進來。不知是從哪個話題切入的，好像是天氣吧，我們就這樣聊了起來。他是騎着一輛大型摩托車來的，而且稱自己是颶車而來。當時見到他的摩托車後座綁了很多行李，這一點我至今記

得清楚。我問他是做甚麼的，他也問我同樣的問題。我回答：來旅行，在這邊遊歷，想多跑一跑，尤其是往日本的鄉間跑，一個人出來還蠻快樂的。

他聽我說完這些，忽然告訴我自己是監獄裏的刑務官。這個職業貌似十分神秘，而他說「刑務官」時的表情就跟說自己是路人甲一樣，完全是一個旁觀者。如果從香港職業的範疇來看，他所說的刑務官應該就是懲教人員。我心下好奇，就問起了他在監獄執行公務的那些事。

他說鹿兒島縣的監獄是在一座島上，叫「霧島」，監獄建在島內的一座山上，裏面關押着各式各樣的罪犯，盜竊的、詐騙的，當然也包括殺人犯。在他看來，其實監獄就跟學校差不多。

我心下嘀咕，監獄怎會像學校，兩者完全不同啊！這位中年刑務官接着說，這只是他的一種感覺。其實在日本真的有「監獄學校」這樣的奇葩設施。我從未聽說過，直問在哪裏？他回答說：「這所學校叫桐分校，並不在鹿兒島縣，而是在長野縣的松本市。二戰結束，日本戰敗後，有很多罪犯被抓捕並關進了監獄。這些罪犯大都沒接受完義務教育，有的連小學都沒讀過，字也不識幾個，甚至連自己的名字都寫不出來。對此，有一批像我這樣的刑務官提出，如果要讓罪犯痛改前非，使他們對生活重新改變態度，那就只有從教育抓起。」

我聽着中年刑務官的介紹，大致瞭解了那一段歷史。這件事發生在昭和三十年，也就是 1955 年。那個年代，想要在監獄裏建一所學校，並不是一件簡單的事，不是由一位地方鄉紳或者某個職務的人說了算的，還要涉及日本政府有關部門對這一方面的評估。「監獄建校」——這在當時是一件對整個社會都很有影響力的事。別說日本的監獄，就連世界上其他國家都沒有這樣的先例。長野縣及松本市教育委員會開始推進這件事，其中有一所旭町中學表示積極支持，開始向

政府申請並辦理了手續。經政府相關部門的評估，最終通過了「監獄建校」的提案，學校被命名為「桐分校」，「桐」實際上就是長野縣的一個地名。

據說，監獄學校這麼多年一直運營着，時至今日，先後有七百多名罪犯從那裏畢業，年齡從二十幾歲到八十多歲不等。這些人都是在監獄中服刑，符合入學的條件，才將其送至桐分校中就讀的。

聽了這一段歷史，我不禁奇怪，這位日本刑務官告訴我這個故事的契機是甚麼呢？於是我就問他：「你為甚麼跟我說這些呢？」

他回答說：「聽你說一個人在旅行，讓我想起了我的恩師，他也經常一個人旅行。我的老師就是一位刑務官，他在桐分校擔任老師三十多年了，教了很多學生。」

後來，這所監獄學校的規模變大了，改為向全日本各個監獄「招生」。刑務官接着說道：「從鹿兒島縣送過去的囚犯也有不少，只要是沒有接受完義務教育的，就會被送到桐分校去唸書，學制一年。每天上課七個小時，集中式的學習，到了晚上還有三個小時的自習時間，等於把你的時間全部都分配到了學習中。這期間可以不用做監獄裏必須完成的體力勞動，儘管囚犯的身份不能改變。學習時也不能像普通學校那般，彼此之間隨時可以溝通，只有午餐時間，可以與其他囚犯有短時間的交流。中途如果要離開，例如上洗手間之類的，必須舉手，得到刑務官的同意才行。這些制度都是非常嚴格的。」

我想起剛到日本時曾在書店裏看到一本書叫《高牆裏的學校》，寫的應該就是這段歷史。後來，日本還出版過一本書叫《鐵牆內的教師》，描寫一位老師如何以教育來改造犯人，使他們找回自我。書的內容還被翻拍成了日劇，大約是距今十多年前的事了吧，而且是一再被翻拍。

日劇中的那位老師，他現實中的原型人物叫「角谷敏夫」，這位角谷老師在桐分校一邊當老師，一邊做刑務官，工作了三十五年，由他教導的很多學生都已經走出了監獄，重新回歸社會。儘管如此，角谷老師內心一直有着一個無法解開的心結，就是根據其刑務官工作的相關規定，作為老師，在學生從監獄「畢業」後，就不能再與其有任何聯繫與接觸。無法再見到這些學生，這是他一生中最苦惱的事情。

　　這麼多年過去了，每次開車前往鹿兒島，我都會沿着海邊走，一路上觀賞了很多美景，也享受了不少美食。可是，讓我印象最深的還是那家路邊休息站的食堂，以及在那裏碰到的那位刑務官。

　　從那位刑務官的描述中，給了我一個對日本認知的提示。其實，在上世紀的 50 年代，像桐分校這樣的存在，從全世界的範疇來說也算是先例，這可能與日本明治維新後以教育為治國之本有關吧，其想法也是一脈相通的。這一點無疑是研究日本文化值得關注的問題。

　　前文提及以監獄老師為題材的日劇，以及角谷敏夫，為甚麼會說起這個人？而我對其又那般瞭解？因為他正是我多年前在鹿兒島縣碰到的那位刑務官口中所說的恩師。時隔多年，我仍然不忘，這件事予我的深刻記憶可見一斑。

沖縄縣

我對沖繩的印象都集中在夏天，這可能和季節有很深的關係，在日本本州島過冬天的時候，我周圍有很多日本人都希望去沖繩。沖繩給我的深刻印象還是來自於她的色彩，藍天很藍，海水也很藍，海天一色的那種感覺，挺爽快的。

有的時候我在想，有那麼一種顏色，往往是在旅途當中容易被我們觀察到的。比如有一個成語叫「粉墨登場」，「粉墨」原指上台演戲前演員的化妝。可不知為何，每次我看見日本的那些女中學生粉粉的裝扮，總是讓我想到這個詞，總覺得能夠與「粉墨」二字瓜葛在一起似的。這可能也是色彩所帶給我的感觀吧！

為甚麼以「粉墨」開題？因為沖繩給我的印象，除了海天一色的藍之外，就是粉了。這不僅是因為當地少女的穿着與甜美的笑臉，像是閃光的粉色。另外一個原因是由於沖繩靠海，自然海產豐富，而我剛到日本時做過魚蝦的營生，剛剛捕獲的新鮮的魚，總是泛着健康的粉色。我對這一顏色尤其敏感，就是從那時開始的。對我來說，黎明的海港，最閃亮的色彩莫過於粉色。

有一年夏天，我去了沖繩的石垣島，那裏有一艘叫「飛龍號」的客船，南下太平洋，經過台灣的南部，最後抵達高雄港。據說石垣島離高雄港最多也不過五百公里，一路前往，連貫着海天一色的感覺，不易讓人產生異國他鄉的陌生。

我自己聽到沖繩話，雖然明白當地人說的是日語，但是那種口音濃重的方言總讓我想起閩南語。陽光下很多沖繩島民眾的皮膚跟古銅色的牛皮一樣，顯得很強壯。尤其是早上去趕早市，趁着太陽還沒出海面的時候，我就出了旅館，一路上不斷地碰見當地人，他們有的搭起木檯子，往上擺新鮮的蔬菜水果，有的剛從歸航的漁船上卸下大把的魚，往木箱子裏邊放。木箱裏都會先放些碎冰，然後再往裏倒上一把冰碴子，那些魚都是從魚鰓泛紅漸漸開始變化，變化後的魚，有的時候在陽光下就會顯出粉的顏色來。

那一年夏天去沖繩石垣島的時候，碰到過一對西方的男女，是美國人，好像跟我也差不多，就是那種旅行者。我們隨便聊了聊，我問他們在石垣島住哪兒？女人說：「我們住在山洞裏，離這兒不遠。」

　　我很驚奇，山洞能住人嗎？這時，男人說這兒有許多荒棄的山洞，過去打仗的時候，沖繩的山洞就是一個個避難所，有許多的村民都躲在裏面。現在看起來都荒了，在裏面別有一番滋味。我知道這對西方男女說的是二戰時候的事。因為涉及到當年美軍攻打沖繩，我就沒有再往下問。「到了沖繩好像就到了都市的遊樂場一樣。」男人繼續說，「尤其是山洞，那是個好地方，有岔口，還有台階，洞裏還有地下水，陽光從外面照進來後，洞裏就會浮起一層層不同的顏色，像一圈光環，非常神秘。」

　　我聽了他說這番話，猜想這兩個人是不是學美術的？對色彩如此敏感。但是我也沒有多問，只是隨口說了句：「有岔口，有台階，在這個山洞裏邊走，很有那種街區的感覺吧！」

　　「對啊對啊！」女人接上了我的話。她這麼一說我就更好奇了，於是乾脆就問他們怎麼知道山洞的這麼多事。女人看了看那男人，他眼睛是藍色的，顯得很有神。他跟我說：「我爸爸是美國兵，過去在這裏跟日本人打過仗，是他讓我們住山洞的。」這下我明白了，他很直率，說出這些話也許是因為我告訴他們自己是中國人，而不是日本人，所以他們並沒有在意，很隨意地把這事告訴了我。

　　我們聊得挺愉快，與他們告別後，我不禁想：我們在旅途中碰到的人、碰到的事、碰到的風景，乃至從一個顏色上，都可能會捕捉到對當地觸電的第一感覺。就像我碰到的這對美國男女，他們跟我一樣，以遊客的身份來沖繩島上觀光，其感受與想法卻與我的不同。所以從這一點上來說，所有的這些只是我一個人對於沖繩的一種印象而已。

　　這樣的旅途是非常個性化的，同時，也充滿了神秘感。

日本 47 個都道府縣深度遊 —— 流行文化再認識

廣島
年終三貼

孫小寧／text

出發與回望
—在大林宣彥的故鄉—

去尾道前，我只知道大林宣彥。去了尾道後，我試着忘記大林宣彥。或者說，努力告訴自己，不能只從大林宣彥這樣的導演影像裏讀尾道。

那種終其一生，像福克納那樣只表現自己郵票般大小的故鄉的藝術家，終究還是少的。大部分人以故鄉為起點，可以走到很遠很遠。大林宣彥也是這樣的嗎？是，又不是。

生於尾道，以「尾道三部曲」成名，到了那部《轉校生》，他已經將主人公人設，定成了從尾道到長野上學的轉校生。整部影片裏大部分的場景是長野；最後，才讓觀眾隨着主人公重見了尾道。大林宣彥，是要讓所有生於尾道的孩子，都經歷一場生命奇妙的冒險之後再回歸嗎？

1982 年拍的這部片子，我是從尾道回來後，才找到的片源。坦率說，我在長野的鏡頭裏，也像看到了尾道一般，或者正如網上有人所說，看他的所有電影，都能看到尾道，他能給任何一個地方，抹上一道尾道的情調。這是不是愛他的觀眾主觀意願的投射呢？現在，讓我來作一番自己的解釋：其實是尾道這座城，原本就深隱着某種日本式的典型風景。

尾道處於瀨戶內海沿岸，而瀨戶內海，是日本人心中的「原鄉」。這個結論不是我說的，而是一位研究日本電影的大師級翻譯家所言。他曾舉出許多部日本電影說明這個結論；現在，我也以自己的旅行體驗，在做着某種印證。

看瀨戶內海的地圖，尾道正好在岡山與廣島之間，城如其名，給人的感覺，就好像在群山與海域之間給自己擠出一條窄窄的長道。一條街很容易就從頭走到尾，馬路細長不寬不說，還經常隨坡道上下起伏。平坦與開闊的陸地想也別想，尾道便是如日語所說的，如貓臉大的地方。就連最著名的風景地標：尾道美術館、神社以及千光寺，都立在半山之上。最廣闊的區域是海，分割海的則是島。有名的島，無名的島，都在海域中

做着自己的拼圖，同時拼出曲曲折折的海岸線。這是所有尾道的風景畫中重要的幾大元素。另外還包括從千光寺公園上方展望台俯看時所見的——舟帆點點，群山葱蘢。有當地人指着某個方向告訴我們，從這邊向遠處一直望，一直望，便是四國。

　　我們入住的酒店，同樣臨海。出門過馬路即見，還守着一處夢幻般的港灣。一座小小的神社立在那裏，院落一角的茶樹，在冬天這個季節，照舊瀉一地的紅花瓣──開在枝上落在地上的，都潤澤、飽滿，帶着沿海城市氣候中才有的某種元氣。有神社便有祈望寄托，只是這本該是海上人家必來的祭拜之地，看起來有些荒落，是當下的人忙着過年，還是如今的尾道，早就不再做早年間那種出海打魚的冒險活兒？

　　在尾道市內，我們只有一天的行程安排。到底有些倉促，所以只逛了一條老商街，吃了一碗豬油味很濃的尾道拉麵──據說正是它的特色。到千光寺公園，說是看寺廟，最終難忘的仍然是海。在這裏，無論看到哪兒，終極的目光都會落到海上。就連行走在千光寺旁的文學小道、貓之細道，看那些立石上的碑刻圖案，也同樣想到海。因為總有人在闡釋，石頭是海的另一種證明。比如我們乘纜車往高處行進的時候，每個人眼睛往下，都能看到樹冠掩映下的神社旁邊，一塊被敷住的巨石，恍若懸置於半空，一看就是從高處落下。但當地人解釋：是由於海水巨大的衝擊波。

　　再來就是貓，尾道大大小小街道裏，竄來竄去全是這種尤物，還出了一隻幾次三番要闖尾道美術館而成網紅的黑貓。當地人對此照舊總結說，貓多也是因為近海。海中各種浮游生物，可作天然貓食，餓了的貓到海邊划拉一下，一天的美食就都有了。如此，尾道便成了貓的天堂。有貓的尾道，看起來軟萌萌、慵懶懶的，安於天命，與世無爭。但這是不是尾道一直以來的真面目呢？

　　離開酒店的那天清晨，我早起逛了馬路對面那一片水灣港口，岸堤上一排刻字的石碑，正好幫我補尾道的前史。視線迅速滑過每塊碑：足利尊氏、足利義滿、朝鮮使節、遣明船、北前船、江戶時代、明治維新、山陽鐵道……僅這些標題，就夠我提取一些可供想像的歷史信息了。但我還是對「北前船」這一節，做了一番查證功課。原來這種船是在江戶時期，幕藩體制背景以及當時的經濟條件下，民間最大的商船。在大阪與北海道之間往返，同時也行駛往返於瀨戶內海與日本海之間。貨迎貨往，獲利不菲。但隨着汽船的興起，以及鐵道、通信業的發展，它便偃旗息鼓，風光不再。

　　帶着這樣的背景再看這段碑文，一種屬港口城市的昔日盛景，便在眼前浮現：

　　北前船一到，港口鼎沸。大人孩子都於港口相迎，藝伎們整裝而立，商店伙計們也紛紛和船首接上關係。從上游來的北前船，卸下魚、酒、米；從下游過來的船上，則運來棉、鹽、醋、草墊子。米市的價格浮動，透過烽煙諜報，在市面上疾傳，尾道，已經成為淺野藩之後廚。四處晃動着的，是苗字帶刀的豪商……

漢字居多的碑文，對我這初學日語的學習者來說，就是便利。只有一處「苗字帶刀」，有些費解。待請教完朋友，頓感又往尾道，乃至日本歷史的深處探進去一點點：昔日日本的庶民階層，沒有姓氏；佩刀，也是到了某個階層才被允許。但憑着這熱鬧的港口生意，富起來的商人，便可以通過金錢獲得這些。「苗字帶刀」，就是這種暴發戶的標配，想來倒是神氣活現呢！

沒有了北前船，當年這些苗字帶刀的豪商，又能去哪兒呢？也許，是奔着京都、江戶，或者更遠的北海道去了吧！商人逐利而動，大部分討生活的人怕也如此，昔日這個以港口繁榮的尾道，就此被時光封存起來。

這就難怪，無論怎樣來看尾道，都有一種藍靚色染過的舊味道，而那正好也是大林宣彥 1963 年那部《尾道》短片，鏡頭搖出的尾道藍。這樣的小城，終究和我去年去過的北海道小樽顯出了不同。那裏也曾是港口貨運發達地，也中途末落，但小樽搖身把那些昔日舊倉庫，改造成懷舊氣息的餐館酒吧，就把自己盤活在了今天。而岩井俊二又正好為它量身打造了一部《情書》電影，一個曾經浸潤過歐美風雨的北海道小城，從此被永遠地打上一道讓全世界的年輕人都愛戀不已的青春光芒。

尾道自然也不乏影人拍它，不僅是大林宣彥這樣生在尾道的導演，連小津安二郎也拍過。就是那部聞名天下的《東京物語》。但或許又是因為小津這部太有名，尾道更加被置放在了離現代意義上的中心更遠的位置，是人們聊天談論中永遠很熱門的小地方，與大城市距離遙遙。

影片中，老兩口從尾道出發，坐火車去東京兒女家，然後再坐火車回來。片子一頭一尾，都是尾道。有幾組完全相同的鏡頭在做着首尾的呼應——被置於畫面前景的石燈籠，宛如尾道的定場詩般，給人無限的穩重感。作為景深部分的那片瀨戶內海水域，舟船總是緩緩從畫面左邊駛向右邊。再換一個場景，則是橫貫畫面中軸線的火車，一路呼嘯着從畫面右方駛向左方。水上的舟船如果代表尾道亘古以來的日常的話，從畫面中央橫切而過的火車，則意味着這種生活被打破。除此，尾道還有甚麼呢？依舊是靜靜的街面，帶着坡度的斜步道……是只有老人過世，兒女才會回來的地方。

同大林宣彥《轉校生》一樣，尾道在小津的這部電影中，同樣也是這麼一個出發與離開之地。留守的就只有笠智眾這樣的老人，坐在自家的榻榻米上輕搖扇子，過着老也過不完的尾道的夏天。

　　小津安二郎比大林宣彥年長，擅長的鏡頭也都是這種穩健悠長的類型；所以更能表現活在舊時光中，和現代社會漸次脫節的日本人身上那種人情義理。而將這樣的人物設在尾道，再次證明，尾道就是日本人普遍認為的，已經被現代化甩在後面的地方。不過，如果尾道也緊隨着現代化的進程在更新，還能否保留下這最初的美妙風景呢？

　　這麼一想，尾道的安謐中，便有了某種矛盾雜糅的混沌。

　　當然，這裏說的是尾道城區給人的感覺。其實還有其他。第二天，我們去的島波海道，便有尾道的另一種面貌：海岸線、沙灘、高大的棕櫚樹。清晨初起的陽光下，臨海而立，只覺得天高雲闊鳥飛翔。視野與心胸，比在市內，不知開闊敞亮幾倍。

　　這裏是自行車騎行者的天堂。沿着海岸線設計的島波海道騎行路線，全長約七十里。沿着道路上劃定好的藍線全程行完，中間會跨過通向愛媛縣的交界線。我們一行只作短程體驗，也就十里左右，但是也上坡下坡，急彎陡彎，一一體驗。

　　不知為甚麼，尾道這個地方，當你靜態地參觀遊覽時，它是那麼古老、緩慢而靜謐，但當你騎在動感單車上時，尾道突然就變得鮮活、動感了起來。海風在耳邊與臉旁呼呼地疾吹，金黃的橘果與檸檬，不時從經過的綠色樹間躍入眼簾，海面上掠過的白色的鳥，身前身後的車流，都組成一道道明快的時間流，那麼真切地從身體內部流過，也像同時穿過了尾道的過去與現在，向着某個未知的前方推進。

這樣的尾道，到底還是讓我又回想起大林宣彥來了。他的鏡頭裏有這種動感，以至有時連人物都會誇張變形。那部我最初認識大林宣彥的《原野、山峰、海灘》，現在看，也是我認識尾道的第一部電影了。裏面的孩子在戰爭期間玩鬧遊戲，也不得不經歷某種失去。無論戰爭怎樣影響到他們，影片裏的風景仍然很美很治癒。連同片尾映出的幾行句子，字眼也個個都美──

hello kitty
新幹線

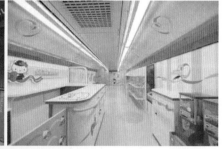

hello kitty
巴士

去原野、去山崗、去海濱。
正午的
山坡上鋪滿花瓣。
想起你圓圓的眼珠啊！
我的憂愁比藍天還要藍……

　　當年理解它，全靠着字幕組的翻譯。如今開始學日語，就嘗試着自己來譯。

　　這回注意到了，用作片名的第一句，原來有三個動感十足的ゅき。既是青春心事的抒發，也像美麗風景的召喚。

　　一定有一個不安於天命、充滿青春生氣的尾道，藏在這動感的原野、山崗與海濱之間，那是大林宣彥心中的尾道，我在騎行的路上，與之相逢。

日本的酒藏文化，
除了酒，
還有甚麼——
西條酒藏，
私宅裏的枯山水

孫小寧／text

　　酒藏，日語寫作さかぐら，手機上常用的滬江小辭典，解釋為「酒窖」、「酒庫」。這是我不能滿意的注釋。如果讓我定義，日本的酒藏，應該是一個由「酒」字開始，可以無限伸展變幻的組合。釀酒、藏酒、品酒，抑或是售酒，固然是它的題中應有之義，冷不防又亮出甚麼，那就請你在心裏默念：阿里巴巴，芝麻開門！

　　每一個酒藏，都有它的神寄寶物，至於是甚麼，就看你是哪個時節，推開哪一家酒藏的門了。

　　我的運氣不錯，去年年末的北海道之行，第一次去酒藏，就感覺眼睛鼻子不夠用。那家名為田中酒造的酒藏，坐落於小樽，風雪彌漫天，我們迎頭就撞見那座很有歷史感的日式長屋。外形、內裏，像極了日劇中一幕場景，連同裏面工作人員的著裝——可以直接穿到時代劇中的紅色工作服啊！看着真是鏡頭感十足。屋外奇寒，屋內溫暖如春，我們在分佈着無限酒因子的暖意中聽釀酒過程的講解，品酒也品酒器，臨走以一種叫「小樽美人」的果酒做紀念，實在是因為，酒的名字太可人了。

　　如果依那次的印象去理解日本人的酒藏，我大概想說，日本人給你講酒的時候，已不是單純在講酒。首先提到的是水。嗯！當地的水資源。其次肯定是米——只有當地氣候土壤才能孕育的米。對這兩樣的解說不聽翻譯都能感覺情懷滿滿，因為工作人員的眼睛亮閃閃的。每一種要做酒的米，都被展示在小碟中，白生生地泛着熒光，看多了甚至個個都如佛菩薩般的寶相莊嚴。那是怎樣一種好山好水

好佳釀的連帶關係啊……都說日本人最愛做「日本風土記」。我那時覺得，每一個在酒藏工作的職人，都可以以酒做引子，勾畫一本攝魂奪魄的「山川風物記」。

　　而偏偏就是這個，很對我這並不怎麼喝酒也無從懂酒的人的癖好。感覺思緒被它扯得無邊無垠，既接上了當地地氣，也好像夠到了更遙遠的山水風月。能喚起我歷史之感的，還有那座酒藏建築。竟也是寶物之一──建築外壁上就貼有「文化財」標誌。廖廖數百字的介紹牌，在講它的前世今生，也簡潔明瞭地勾勒出一家酒藏的前世今生。它使人明白，即使外表很典型的日式長屋建築，內部的構造也可能早已融進了西洋建築精髓，這無疑是勇於開拓的北海道人當年學習西方文化的證明。

昔日酒藏的記憶猶新，再造訪廣島之行中的西條酒藏，一開始，竟然有些失望。西條酒藏，這難道不是各種攻略中與京都「伏見」、兵庫「灘」齊名的日本酒三大名釀地之一嗎？怎麼一整座小鎮，左穿右穿的街巷，不見多少酒分子在空氣中蕩漾呢？非但聞不見酒意，人也稀少啊！很多街面店，都只是羞答答的玫瑰靜悄悄地開？

　　原因很快找着了；哦！差兩天就是年關，鎮上的工作人員大都過自己的新年去了。旅行計劃中定好的那家酒藏，倒是有人還在恭候，但也只有兩位留守的工作人員而已。一位穿乳白色上衣的工裝男，帶我們參觀，講這講那；不過，面對的依然是空空的廠房與車間。到底還是體驗度差點兒啊！我的心裏，不止一次，泛出一圈圈失望的漣漪。

　　工裝男四十上下，大眼，濃眉，圓臉憨憨，該是這家酒藏裏哪個級別的人呢？頂多能算個工段長吧？我對眼前這位悉心的工作人員，作了這般猜想。雖然日本人初次見面，一定會做自我介紹，但我是我們一行當中，唯一一位不懂日語的人，此行也沒人專門為我翻譯。我就任自己盲聽盲看，覺得這也挺好的，就當完全在經歷屬我的故事。

車間轉完了，還轉甚麼呢？工裝男顯然還有準備。出車間，他領我們轉到一座西式小洋樓。小樓迎門屋檐下，懸着一個小掛飾，綠意盈盈很特別。旁邊的中文字稱它為酒林（杉玉）。我對它起了探究之心。

自然也很快聽到了解釋。長話短說，這是做酒的人釀酒時必掛起的小物件。取常青的杉葉修剪成圓球狀──據說酒神因此便可以寄居於此，正好護佑漫長的釀酒過程。而待酒釀成之後，酒林便轉為枯黃色。

在杉葉的色彩變化中，寄予釀酒過程如此的寓意，這聽來又有了日式泛靈論的感覺，熟知了這個梗，小林一茶這首與酒有關的俳句出現在我眼前時，頓時變得鮮活起來：

杉の葉のぴんと戰ぐや新酒樽。

杉玉恰似鬥酒空樽。原來，好酒的俳人，看到新一輪的杉玉掛出，就像看到了酒旗下鬥酒的呼喚，酒癮與詩癮一起來，真是一對結伴好兄弟。

不過，我不好酒，所以還不能被杉玉感染到這個份上，但我很快被另一件事物驚到，還是那工裝男輕輕一句召喚：我帶你們看看主人住的地方吧！

甚麼？我們還可以參觀主人的房間？心中狐疑着，又好奇着，便被引到一處屋內玄關前。脫鞋而入，便是被稱為主人領地的二層建築。整個的一層你說是甚麼？竟然是座枯山水禪庭！曲折迴廊，每一個轉角，都擺着精美的插花，客廳、內庭，也立有禪掛。甚至通往內廳的推拉門裝飾，都呼應着廊沿外的細石與白砂。潔淨、疏朗、安靜、通透，某種內在的節制，彷彿一隻神奇的手，在調度着這裏的光與物。室外是石庭，穿過客廳向內行的中間天井處，還有座小庭。小庭幾塊潔白的腳踏石，便鋪成一條小徑，通向把角一座小木門，這無疑寓示着，門外還有另一番天地……無論是屋內陳設，還是大小禪庭之間，都一塵不染，一切彷彿是設計師剛剛完成的作品。

而這作品，竟然被叫做主人的房間？主人又在哪裏？甚麼樣的工作人員，敢擅自將外人領到這看似不容破壞的枯山水作品中來？

這時我恍然弄清了一個事實，原來領我們一路參觀的工裝男，是這家主人的兒子。他戲稱自己是這家酒業的「富四代」，卻原來這般不具富四代的相。

日本的酒藏文化，除了酒，還有甚麼 —— 西條酒藏，私宅裏的枯山水

半個多世紀前，這家名為賀茂泉的酒造創業者，結識了日本昭和時代最有名的庭園設計師重森三玲，便請他把這家主人的舊私宅，改造為今天所見的禪庭，也因此造就重森三玲又一件私宅裏的枯山水作品。「壽延庭」，又名前垣氏庭園，帶着很多重森三玲的作品特徵：砂石的曲線，立石與伏石的呼應，都各有講頭。但我們最大的好奇仍然是，重森三玲，這個日本歷史上著名的禪庭設計者與庭園設計改革家，為甚麼會願意為這家酒藏留一件自己的作品？

這當然不是三言兩語就能解釋的。我只是從同行者口中得知，初起，大設計師對為私宅設計作品還是有保留的，主要擔心作品是否能長久留住。

答案就在眼前，不僅留住，而且保存得好好的。

只是，私宅裏坐擁一件枯山水作品，究竟住着是怎麼一種感覺呢？終於有人把這個問題問到了「富四代」面前。「不舒服。」他憨憨但坦率地答。

想想也是。任何一件這麼富有整體感的空間作品，留給你了，你也就變成了托管者，不僅得保持它原樣，還得讓裏面的一切，都和它呼應得當，如此，它才不是一件死物。殷實之家，上品的寶物自然是不缺的。但如果放不好，同樣會敗了禪庭的風雅。但這個擔心在這裏不存在；因為我打眼看到山口誓子的寒庭詩，就覺得有一種靜中的風雅，在從它的立處向周圍散發。詩就立於客廳向內的推拉門之前，儼然是為眼前這幅枯山水作的一幅即席素描：

寒庭に白砂敷きつめ酒づくり。

—— 山口誓子，我就此記住了你。

在說酒藏文化，怎麼就對着枯山水叨咕個沒完呢？說來這就是意外之喜啊！任誰會想到，年關之時的西條，外表看起來那麼冷落，而一家酒藏深處，竟還隱着一件造園大師的傑作？造酒者與造園者，如此心意相通，這讓我對賀茂泉一家，不禁有了特別的遙想。

　賀茂泉前垣氏，從大正元年開始涉
足造酒業，百年創業，中間想必也經歷
了時代的風雲。假如確如「富四代」所
說，他們一家就是如此這般，悉心守護
着枯山水，只把二樓作為自己的生活空
間，那麼，他們定是在一邊造酒，一邊
培養着一顆庭園之心。

　酒的事業容易讓人擴張忘我，但枯
山水則讓人內斂心靜。從「富四代」身
上，我似乎看到了賀茂泉家族某種特殊
品性，我突然很想品他們的一種酒，據
說酒色呈稀有的金黃，因此命名為「山
吹色の酒」（山吹，即棣棠花）。

　在這樣的客廳一角，有這樣的枯山
水作伴，如果再有這樣的酒慢品着，那
一定是很入心的滋味。

日本的酒藏文化，除了酒，還有甚麼——西條酒藏，私宅裏的枯山水

離開這片神域，
我帶走的是人間的暖意

　　嚴島是瀨戶內海海域中一座名島，現在多稱它為宮島，我習慣叫它嚴島；是因為，這才能和我閱讀過的《平家物語》對上情境。發生在這裏的著名的以少勝多的戰役，也是以「嚴島合戰」來記載的，所以稱嚴島的時候，就好像北京變成了北平，南京變成了金陵。我喜歡這舊名稱中帶出的，某種遙遠的氣息。

到嚴島要跨過一片海域，所以要先上渡輪。我們乘坐的船，從渡口起航的時候，冬日的海風正緊，但仍看到多數人，大人小孩，都慢慢地從艙內轉向船板之上。齊集並向遠處眺望，原來都是為一睹那傳說中的世界著名景觀——嚴島神社大鳥居。那種不約而同的等待與凝視中，有日本人特有的，對所有不可知、不可及的事物的敬意。

我的心也隨之肅穆起來，因為那矗立在海上的大鳥居，就是這樣一個事物。它根本不像是以風景名勝的姿態在迎接人的到來，而是自劃出一條疆界，讓你自感無法逾越。雖然身前、身後、身左、身右，都是茫茫海域，但它不會讓你擔心，有一天它會被海浸沒。不生不滅、不垢不淨、不增不減，說的彷彿就是這樣永恒的存在，朱紅、鮮亮、穩定、神異。既真實又玄幻，不可方物。

所以我一度以為，我從輪渡上、海的一側看到的鳥居後面的活動身影，是海上幻境。這無疑是神域才能予人的錯覺。若不如此，你怎能相信，就是那幾根豎柱、幾根橫樑的搭結，就可以對抗住時間與海水的侵蝕，絕美地，站成這般天荒地老。

如果一個建築物本身就是想傳達給你這種象徵與隱喻，無疑，它做到了。雖然，後來你也明白，神域亦為人建。就這座看似線條簡潔的鳥居，裏面的結構其實充滿玄機。支撐着鳥居的六根十六米高的豎柱，下面有巨大的花崗岩奠基。而在花崗岩下面，又有百根最長三米的松木椿埋於海面下，用以承受上面的重量。不僅如此，鳥居的上方頂檐，如果從兩邊側翼窺進去，能見的是石頭，據說有重達五噸的石頭灌注其中，石頭上還刻着經文。

這種內在構造的深度還原，肉眼是無法實現的。NHK的一部紀錄片，用的是充滿想像力的模擬圖型。如果看過那部與平清盛有關的紀錄片，你得承認，這座矗立了差不多千年的鳥居，肉眼看不到的海下奇觀，同樣令人稱奇。

離開這片神域，我帶走的是人間的暖意

而令人驚嘆的還不止這些。登島，徐行，步入後面的神殿。代表平安風格的寢殿式建築，一派華麗的貴族風。耀人眼目的，仍然是一根根朱紅色木柱，它們沿迴廊依次排列，曲折有致，似把人們的視線分割，又牢牢地吸附，如此看過去的殿內空間，實在該叫做空的空間，因為的確沒多少實物陳列。只有神職人員被允許在其中穿行走動，他們輕盈艷麗的古典衣飾，也彷彿殿宇構成的一部分，是與現代時空隔絕開來的古典遺存。

這就是嚴島神社，一座時不時會浮於海上的神殿。也是通過NHK那部紀錄片，我知道，當海潮漫過來的時候，支撐在這座神殿下方的 1.5 米高的柱子，同樣會浸沒於海中。如此，這幾百間神殿，便是一艘海上巨船。但它同樣不會如想像中那樣易損，因為腳下的木板之間，都留有縫隙，海水可以從這中間溢出，但浮力會因此被分散開來。

所謂的神奇，後面都暗藏着人的智慧與創造。這當然得歸功於平安時代最重要的權臣平清盛。入道相國，我還記得他第一次在《平家物語》出場，就已經是這個稱謂。

書中，他已年過半百，重權在握。但打造這個嚴島神社的社殿群時，他還只有二十九歲，做着安藝守，一個遠離京都，偏安一隅的職位。他在此，寄託了對權力的所有期望，不僅是現世，甚至還包括後世。因此他不惜舉平家之力，為這座神社，奉納珍貴的佛經。有的還由平家人親自手抄，他自己所附的祈願文寫的是：今生之願，業已達到，來世果報，祈願成就。

無論這種祈願多麼非分虛妄，嚴島神社在他掌權的時代，都被看成他的勢力象徵。嚴島還因為他，留下很多平安時代的風尚，比如每年都會舉行盛大的管弦祭。

當然最重要的仍然是，這座不可思議的建築群。就海上所看到的大鳥居，就這後面的神殿，後世其實也做過整修，只是日本工匠「修舊如舊」的功力了得，所以我總是相信，眼前所見的，依舊是它平安時代的風貌。

　　我在渡輪上遙望這片神域所生成的畏怯感，是在登島之後慢慢消除的。這時我已經知道，海水沒有漫上來的時候，遊客可以走到離鳥居很近的地方拍照、留念。島上三三兩兩的鹿，也時不時會在這周邊追逐人群，牠們自然也就和鳥居一同進入遊客的鏡頭。時機趕得好，即使不是攝影大神，不使用多麼昂貴的相機，或者乾脆就是手機，也能拍出鹿從鳥居緩緩跑出的鏡頭。那絕對是另一種神異。讓你相信，生活在這座島上的鹿，確實可以被叫做神鹿。牠們即使不是從海上仙界踏波而來，也可以是從叢林莽莽的彌山下來。彌山，也被認為是日本的神山，當地人甚至不在這裏耕種砍伐，昔日的弘法大師，還曾在此修法。焉知哪隻神鹿，沒有聽法悟道，從空海的時代轉世而來？

　　不過，在海灘邊和遊人廝纏的神鹿，身上可是充滿了追着人跑的難纏幹勁。從這點上來說，倒是增加了島上的生氣。

而島上另一種生氣，和我們去的這個日子有關。12月31日，日語也叫做「大晦日」，嚴島會有一個節日叫鎮火祭。原是從宗教儀式而起，現在看來，已變成全民祈福的狂歡日。真正的取火，要到晚上，但是鎮火祭的序幕，中午就拉開。我們也恰好是中午那個時間登島的，很快就見路上，出現一隊隊裝束特別的人馬，十幾個男人一隊，肩扛一根粗木椿──後來知道，它就是晚上用來引火的大松明。每到一家店舖前就停住，接着就見店舖有人走出，遞出個紅包之類。整個過程，有中國北方鬧社火的那種喧鬧；於是我們同行者形象地給他們命名：收保護費的。惟有在節日的氣氛中，索紅包的，遞紅包的，都歡歡樂樂，和和氣氣，圍觀的人都當成一景來看。他們有力的吆喝聲，我們後來也都學會了：「たいまつよいよう……たいまつよいよう」。

　　まつ是「松」的意思，在這裏也可直接稱為松明。用收保護費的思維附會聯想，這句可以霸氣地譯作：我們來了，你們看着辦吧！

　　除了大松明，島上還四處有售賣小松明。在等待夜晚來臨的時候，我也有了一把小松明，是一路陪着我們的年輕帥氣的日方工作人員木下先生送的。取火祈福，他把這個運氣給了我。

　　說來松明在手，我反倒有了負擔。到底是怎麼個取火法，如果全島上的人都來一起取，那豈不很擠很亂？取不到又怎麼辦？

眼見着黃昏已至，島上聚集的人也愈來愈多。當海潮漫過鳥居的大柱子底部時，道路兩邊，已經滿滿都是人。在我心中設想的鎮火祭，中間會是一隊人馬扛着點火的大松明經過，兩邊的人，就從這上面取火。但是這樣想着心裏更沒底，甚至不知站在隊伍的哪個位置上更有利。

我和陪我的廖姐，便在這人群中移來移去。決定站到某處時，天已徹底黑了下來。而身後不遠處，就是海岸，愛纏人的鹿，這時也預知到火把的危險一般，躲到了人群的遠處。

人和人挨得近了，自然就容易搭話。廖姐一開口問詢，就碰到了一位取火達人。老人高高瘦瘦，六七十歲年紀。從廿日市趕來參加鎮火祭，已經堅持了三十年。他相信從這裏取的火，能保他健康平安；所以他說，這些年沒生病，家庭和順，就是跟年年參加鎮火祭有關。

這種場面見多了，所以他就顯得不疾不徐，甚至告訴我們，火剛起來的時候，不要爭着上前，待大家最初的急切勁兒過了，你再去。取到火後，一定要把火把向上高舉，這樣火焰會把松明的把頭燒得均勻，留下的松明才美麗。

美麗？原來燒過的火把也有美與不美之說，我暗暗下決心，一定要學着老人，給自己燒一把美麗的火把。

有了老人在旁，就像找到了取火的節奏。所以，人群開始因火而騷動起來時，我們仍在外圍按兵不動。這時發現，火根本不是設想的那樣取。或許是為了安全起見，火源並沒有被安排從行進的松明上取，而是在道路的兩側，分設火堆，而且不遠處必有水池、水桶，用來滅火。

人群自動向火堆聚攏，每一位取到火的人轉身離開的時候，臉龐都被火照亮。我想自己也是，某一種終於取到火的幸福感，也因為整個過程中一直有老人在旁指點。

離開這片神域，我帶走的是人間的暖意

他看我取到的火燃燒不旺，還把自己的火把和我的挨在一起。交談中他已經知道我們是從中國來的遊客，所以他希望我把火把帶回家放着。可是，這樣的火把不是需要明年帶回來換新的，我若來不了怎麼辦？老人笑着寬慰我說：不來也沒關係，它會保佑你平安的。

一起取火的這個過程，後來被廖姐拍了小短片。我後來轉發很多朋友，大家都共鳴於廖姐在短片中的感嘆：老先生真好啊！

是，老先生真好。他的好，有火中的暖，還有一種歲月與自身修為帶出的平和。

那一晚的嚴島，其實也是寒意侵人。但因為鎮火祭中的火把，每個人都心裏暖暖。孩子們更是在街巷裏一路學着喊：「たいまつよいよう……たいまつよいよう……」現在讓我來意譯此句，我想把它譯成：火把來了，福到了。

傳說嚴島神社最初的建造，是為祭海上三神，讓她們保佑海上的平安。而昔日的平清盛，為它傾注心力，並且不惜在此千僧誦經，則是為祈求平氏一族代代的安穩。但現在的嚴島，三神是誰，怕沒有多少人道得出名字。平清盛，也只是作為一座雕像而存在。

　　只有這鎮火祭，年年吸引着人從四面八方而來。

　　像我這樣，回去還不忘再在《平家物語》裏尋找平清盛與嚴島聯結的人，怕也是不多了吧？更多人從這裏帶走的，是自己取過火後的火把。我也將之帶回，只為了那上面附着的，人間的暖意。

流行文化再認識

日本深度遊 47個都道府縣

作者
毛丹青

責任編輯
林可欣

美術設計
鍾啟善

排版
鍾啟善　何秋雲

出版者
萬里機構出版有限公司
香港北角英皇道499號北角工業大廈20樓
電話：2564 7511　傳真：2565 5539
電郵：info@wanlibk.com
網址：http://www.wanlibk.com
　　　http://www.facebook.com/wanlibk

發行者
香港聯合書刊物流有限公司
香港新界大埔汀麗路 36 號中華商務印刷大廈 3 字樓
電話：2150 2100　傳真：2407 3062
電郵：info@suplogistics.com.hk

承印者
中華商務彩色印刷有限公司
香港新界大埔汀麗路 36 號

出版日期
二零二零年二月第一次印刷